FARF

CW00690145

Susanna Tamaro

La testa fra le nuvole

con *La dormeuse électronique*
e *Elogio della grazia*

Nota di Cesare De Michelis

Marsilio

ISBN 88-317-7288-0

© 1999
BY MARSILIO EDITORI® S.P.A. in VENEZIA

PREFAZIONE

Ho scritto *La testa fra le nuvole* nel 1985, all'età di ventotto anni. Molti credono che si tratti del mio primo libro, ma in realtà non è così. Il primo vero libro l'ho scritto a ventitré anni e a quello ne sono seguiti altri tre. Di questi tre, due li ho scritti, riletti e buttati nella spazzatura.

La testa fra le nuvole è dunque il mio quinto libro, ma è il primo che sono riuscita a pubblicare.

Non era questo il suo titolo originale. Nella prima versione si chiamava *La dormeuse électronique* e aveva un centinaio e forse più di pagine rispetto all'edizione pubblicata. Tra tutti i miei libri è quello più anomalo, più difficile da classificare. È un libro ibrido. Non sembra per ragazzi e non sembra per adulti. Racconta un mucchio di stupidaggini e, tra le stupidaggini, nasconde le grandi domande. Lo stile è eccessivo, tragicomico, ironico, crudele, giocato, come mai nei miei altri libri, sulla sonorità della frase. È pieno di fantasia, fantasia popolata da personaggi surreali.

Esattamente l'opposto di tutti gli altri miei libri.

Io amo la semplicità, amo la secchezza, amo la precisione del dettaglio. La mia attitudine naturale è quella di togliere, mai quella di aggiungere.

Sono convinta, infatti, che ogni scrittore abbia un suo stile naturale, così come ogni cantante ha un suo timbro di voce. Lo stile originario è un po' come l'impronta di un polpastrello, unica. Qualsiasi cosa tocco, lascio il mio segno. Le cose però cambiano se, sulla mano, infilo un guanto. Allora lascio l'impronta del guanto, la traccia della fibra o del tessuto con cui è costruito.

Il guanto è lo stile che, a un certo punto, qualcuno può decidere di assumere.

Ci sono tanti motivi per assumere uno stile. Per divertimento, per noia, per stupire, per farsi ammirare, per inventarsi un'originalità che altrimenti non si possiede, per raccontare una storia che non è raccontabile in nessun altro modo, per semplice gusto della sperimentazione.

Ho scritto *La testa fra le nuvole* durante un periodo di forzata immobilità, a seguito di un intervento chirurgico. Ero convinta che sarei rimasta ferma un paio di settimane, invece sono rimasta ferma mesi.

Per il mio carattere, l'immobilità è una delle torture peggiori. Un'ora, un'ora e mezza è il massimo che posso sopportare. Scaduto questo tempo, cominciano a saltarmi le gambe, sospiro come un cane chiuso a casa in un giorno di pioggia. L'infelicità cresce di minuto in minuto fino a rendermi incapace di qualsiasi concentrazione.

Per questa ragione non vado mai ai convegni e non riesco a vedere la maggior parte dei film, o meglio, ne vedo solo il primo tempo. Insomma, muovermi è felicità, non muovermi è irrequietezza, insofferenza.

È facilmente immaginabile quindi l'effetto di

un'intera estate di immobilità! Ero nervosa, faceva caldo e non riuscivo a dormire. Leggere si può fino a un certo punto, poi anche di quello viene la nausea, un po' come uno che mangia troppi dolci. Volevo correre in bicicletta, nuotare, camminare, non pensavo ad altro, la noia mi stava letteralmente divorando. Così, a un certo punto, ho pensato che l'unico svago possibile sarebbe stato quello di scrivere un altro libro. Volevo passare il tempo più velocemente possibile e divertirmi e raccogliere le riflessioni che avevo fatto in quell'ultimo periodo di tempo.

La testa fra le nuvole è nato così, scritto un po' a mano un po' su una vecchia Olivetti, con i fogli che volavano sul letto e sotto la poltrona, con un grande senso di gioco e di divertimento.

Quando lavoro in condizioni normali, rispetto un orario fisso, mattina e pomeriggio, come in un ufficio, ma in quel caso ho adottato un ritmo straordinario. Dormivo due ore e scrivevo due ore, così per tutto il giorno e tutta la notte. Chissà forse per questo ci sono tante situazioni surreali!

Scrivendo spesso mi mettevo a ridere da sola, l'immobilità forzata mi portava un fiume in piena di parole e situazioni. Ne finivo uno, e subito ne comparivano altre cinque. Le avventure disgraziatissime di Ruben mi mettevano allegria, le pagine si accumulavano una dopo l'altra nella cartellina sul tavolo e intanto le settimane passavano, pensavo poco o niente al fatto di restare ferma. E quando finalmente ho ripreso a camminare, non mi ero accorta del tempo trascorso.

Nelle mie mani c'era un libro strano, qualcosa di molto diverso da quello che avevo fatto fino a quel momento. Era un libro che mi metteva addosso anche un certo ottimismo. Per qualche misteriosa ragione ero convinta che, prima o poi, almeno questo avrebbe trovato un editore. Gli altri due miei libri erano stati rifiutati senza alcuna possibilità di appello, ma potevo capirlo; erano dei testi, cupi, severi, spietati. A detta degli editori, nessuno avrebbe avuto voglia di leggerli. Ma questo era diverso! Era pieno di fantasia, pieno di gioco. Chi non si sarebbe innamorato di Margy, la moglie del pasticciere? E come si poteva resistere al fascino dell'archeoaviatore e della ricerca di quella prima parola pronunciata destinata a restare sempre un mistero? Ero ottimista.

Ma il mio ottimismo è stato di breve durata. Trascorsi interminabili mesi di attesa, anche questo libro ha cominciato a ricevere i soliti rifiuti. Rifiuti che erano porte chiuse in faccia, senza neppure uno spiraglio.

Per la prima volta, da quando avevo iniziato a scrivere, sono stata colta dallo sconforto.

Ho cominciato a pensare allora che la mia vocazione non era una vera vocazione ma soltanto un abbaglio. Per qualche ragione misteriosa, probabilmente legata a una sottile forma di nevrosi, mi ero illusa di essere capace di scrivere. Un'illusione che era durata quasi dieci anni, ma che ormai era finita. Una scorciatoia, ecco cos'era stata, una scorciatoia per sfuggire alle responsabilità. «Lascia perdere» mi dicevano e così alla fine ho deciso di smettere. *La dormeuse électronique* sarebbe stato il mio ultimo libro. Non avrei più perso tempo ed energie per scrivere dei romanzi che non avevano alcuna qualità.

Così ho cominciato a progettare una vita diversa. Erano i rampanti anni ottanta e io mi sentivo completamente fuori posto nella vita che avrei dovuto condurre. Non mi interessava la carriera, aborrivo ogni forma di potere e ogni lotta per ottenerlo, avevo un totale disinteresse verso le questioni materiali e una specie di assoluto candore prossimo all'idiozia verso tutte le arti di ascesa e conquista di un posto al sole.

Avevo provato a fare qualche concorso per raggiungere la sicurezza del mitico posto fisso, ma anche lì mi era andata male. Sapevo che, continuando così, sarei andata incontro a una lenta deriva sociale, gli anni passavano e non avevo costruito niente, nessun altro l'aveva fatto per me. Sopravvivere diventava sempre più difficile. Il difficile un giorno sarebbe diventato l'impossibile.

Decisi così che, appena risolte un paio di cose, me ne sarei andata via, l'unico diploma che possiedo è quello di maestra elementare, in qualche luogo sperduto del mondo avrei potuto benissimo insegnare ai bambini a leggere e a far di conto. Una vita semplice, essenziale, ma dignitosa, lontano dal rumore di un mondo impazzito nel quale non ero e non sarei riuscita mai a trovare un posto.

L'aver preso questa decisione mi aveva improvvisamente donato una gran pace. Se un orizzonte si chiude, bisogna cercarne un altro. In fondo non era così difficile da capire.

Ma la pace, evidentemente, non deve essere una delle costanti della mia vita!

Quando già ero in questa fase di abbandono, un'amica di Trieste, con la quale avevo lavorato per un periodo alla radio, mi ha consigliato di inviare il libro a Cesare de Michelis.

Da un po' di tempo, infatti, la Marsilio aveva aperto una collana per esordienti. Erano già usciti un certo numero di libri, perché non tentare? Forse era lo spazio giusto.

E così ho fatto. Nella mia mente era l'ultimo gesto della vecchia vita, una sorta di addio a tutti gli anni di tentativi vani. Non avevo neanche lontanamente il sospetto che quel giorno sarebbe stato davvero uno spartiacque, ma nel senso opposto a quello che avevo immaginato.

Cesare si innamorò del libro, il libro venne pubblicato, ebbe delle ottime critiche, vinse dei premi importanti e quello che consideravo ormai un abbaglio tornò ad essere quello che originariamente era, e cioè una vocazione.

Dopo *La testa fra le nuvole*, ho tolto i guanti dello stile e sono tornata alla mia sobrietà naturale. Il gioco di parole e di fantasia sono stati una fase di passaggio, non provavo nessun interesse a continuare in quel senso.

Uso la fantasia e il gioco quando scrivo i libri per l'infanzia. Sono una parte importante del mio carattere, che non nego e non soffoco e forse un giorno, se arriverò a diventare abbastanza vecchia, la userò di nuovo per congedarmi dal mondo degli adulti. Ma intanto, no, non ho più avuto il desiderio di farlo.

Stupire gli altri non mi interessa, lo stupore che ricerco è di segno diverso.

In un certo senso posso dire che *La testa fra le nuvole* è stato un po' il mio addio alla letteratura, almeno a un certo modo di intendere la letteratura. Per comprendere questo devo fare un salto ancora più indietro, devo andare intorno ai vent'anni, quando, grazie a un amico, sono stata contagiata dalla passione per la lettura.

Nell'infanzia non avevo mai amato leggere, i libri imposti dalla scuola erano una vera e propria tortura. La mia attenzione era tutta sospesa tra due interessi devastanti, lo sport e le scienze naturali. Avevo – e ho – una memoria spaventosa per ricordare date e nomi, classificazioni botaniche ed entomologiche. Conoscevo i vincitori della specialità «slittino» delle ultime quattro Olimpiadi, così come il luogo in cui vivevano e i nomi dei loro genitori. Sapevo a memoria interi atlanti di mineralogia e di ornitologia e i nomi delle razze canine di tutto il mondo. Per il mio futuro sognavo di partecipare almeno a un'Olimpiade con la squadra nazionale oppure di diventare addestratrice di cani.

Mi piaceva leggere libri che mi dessero informazioni nel campo del sapere da me prediletto: manuali, enciclopedie o cose del genere. Tutto il resto mi sembrava un'inutile perdita di tempo.

L'amico che mi ha introdotto nel mondo dei romanzi era un po' più grande di me, era sudamericano e scriveva già da molti anni. Parlavamo insieme per ore, fino allo sfinimento. Di quelle lunghe conversazioni appassionate, ricordo l'improvvisa intuizione di qualcosa di straordinario. Rivedo precisamente il momento.

Era notte fonda e, in una strada deserta, aspettavamo l'autobus per tornare a casa. Soffiava la tramontana e faceva freddo, parlavamo con i gomiti appoggiati sulle fiancate di una macchina.

Capii all'improvviso che le parole, abitualmente così consunte dall'uso comune, potevano diventare acuminate come lame, pesanti come sassi, luminose come torce. Le parole, insomma, potevano accostarsi all'indicibile, circondarlo e navigare con lui come fanno i rimorchiatori con le navi che giungono in porto.

Per dieci anni sono stata totalmente innamorata della letteratura, leggevo in autobus, ai giardinetti, in biblioteca, leggevo facendo la fila alla posta e al supermercato. Leggevo a caso, andavo alla biblioteca del quartiere e prendevo i libri secondo il titolo o la copertina, cercando quelli che mi incuriosivano di più.

Ho un ricordo bellissimo di quegli anni, delle ore che volavano via mentre ero immersa nei libri. Un giorno ero a Pietroburgo e la settimana seguente ero in Giappone, alla corte del Principe Splendente; dalla raffinatezza del palazzo imperiale precipitavo insieme a Cosetta sulla barricate di Parigi e via avanti, in un susseguirsi di mondi, di personaggi, di intrecci e di destini che mi lasciavano felicemente stordita. Questa febbre è durata fino all'età dei trent'anni, fino a *La testa fra le nuvole*, appunto.

La testa fra le nuvole è un omaggio alla letteratura, alla forza del sogno e della fantasia. Ed è un omaggio alla letteratura che mi ha formata più di tutte le altre, quella della cosiddetta Mitteleuropa. Kafka, Hrabal, Bruno Schulz, Singer sono stati tra gli autori a me più cari, i più vicini per formazione culturale e per ereditarietà genetica. Ruben è il nipote di Karl Rossman di *America*, il cugino del protagonista di *Ho servito il re d'Inghilterra*. Lo svagato, l'irregolare, lo Schlemihl che si aggira stupito e maldestro nella realtà degli uomini grandi, degli uomini che non scorgono l'insensatezza della vita.

Ruben è anche una parte del mio carattere, quella parte che, con la saggezza degli anni, ho imparato a mascherare abbastanza bene ma che è sempre presente, quella parte che mi fa sempre scendere dalla parte sbagliata e imboccare con sicurezza le porte dei gabinetti convinta siano l'uscita sulle scale e conversare amabilmente, nelle cene importanti, con la cameriera, convinta che sia la padrona di casa. Ruben è la mia inadeguatezza, la mia incapacità a vedere il mondo come un luogo da cui ricavare qualcosa di materialmente utile.

Abbandonato Ruben sull'aeroplano, in prossimità dell'oceano, sono tornata alle mie parole. Alle mie parole-sasso, parole-lancia, parole-torcia. Ho lasciato la letteratura – intesa come metafora, come ricamo accessorio dell'esistenza – e mi sono tuffata nella vita.

Parole-trivella, parole-pugnale, parole-laccio per catturare la preda, sono tornata al mio timbro originario, al timbro dell'esploratore, del cacciatore, del geologo, della persona che ama districarsi, inabissarsi, di chi sa che il mistero è nascosto nel cuore di ogni uomo. E che questo mistero va ricercato, scavando nella banalità di ogni giorno.

Contrariamente a quanto si crede, è molto più difficile raccontare il banale piuttosto che lo straordinario, scendere in una vita uguale a mille altre e illuminarla.

Per fare questo ci vuole una grande capacità di assumere il dolore. Dolore della vita, dell'incompiutezza, della confusione, dolore dello smarrimento, della ricerca che non riesce a compiersi.

Così ho lasciato i voli metaforici della letteratura per scendere a esplorare questo spazio «metà in luce metà in ombra come la terra» che è il cuore dell'uomo.

Non c'è nessun territorio così piccolo e così straordinariamente pieno di sorprese come il cuore dell'uomo.

Per voce sola, *Va' dove ti porta il cuore*, *Anima mundi*, parlano di questo, della luce e dell'ombra, del modo in cui l'ombra sottrae spazio alla luce e del modo in cui la luce lo guadagna all'ombra.

Sono libri che mi sono costati una fatica difficilmente immaginabile, fatica «tecnica», fatica psicologica, fatica fisica, fatica della semplicità, fatica della sofferenza, dello scendere in giù, sempre più in giù senza nessuna ancora, nessuna luce, nessuna certezza.

Ognuno di loro mi ha quasi ucciso, ognuno di loro mi ha fatto rinascere. Una volta ho incontrato una signora al supermercato, aveva appena finito di leggere *Anima mundi*. Mentre sceglievamo dei pomodori in scatola, mi ha chiesto: «Ma come fa a sopravvivere a tanto dolore? Già a leggerlo risulta quasi insopportabile!»

Ho provato gratitudine per quella sconosciuta signora, gratitudine perché si è accorta di una cosa importantissima, del fatto che lo scrivere, accolto come cammino non di svago ma di verità, ha un prezzo altissimo. Un prezzo che con gli anni si manifesta in un vero e proprio logoramento.

La strada si fa sempre più stretta, sempre più in salita, più sconnessa nei ciottoli, ormai non ci si può più fermare ma cominciano a mancare le forze per andare avanti. Il cuore è affaticato, la mente stenta a concentrarsi e intanto tutti chiedono con petulanza: «Quando scrive il prossimo libro? Di cosa parlerà?» Come se lo scrivere fosse paragonabile a un viaggio la cui destinazione è nota, un viaggio di cui si può comprare in anticipo il biglietto.

Non so mai quando scriverò, se scriverò e neppure cosa scriverò! Saperlo vorrebbe dire essere soffocati dalla noia e la noia è uno dei grandi nemici della scrittura. Della scrittura e della lettura, ovviamente. So che sono sempre più stanca e faccio sempre più fatica a scrivere. So anche ormai che la scrittura non è lo sfogo di una nevrosi e neppure l'esibizione di un'abilità ma un cammino lungo e spesso accidentato sulla via della verità.

C'è il senso del dono e il senso del mistero nella scrittura e il senso della condivisione di questo dono e di questo mistero. Camminando e camminando, ci si lascia alle spalle tutto ciò che è inutile. All'inizio si prova un certo timore, poi andando avanti il timore si trasforma in una leggerezza quasi euforica.

Parole-sasso, parole-lama, parole-torcia.

Scrivere è illuminare.

Un filo invisibile, ma abbastanza tenace, lega tutti i miei libri. Ogni protagonista porta in sé una particella di quello precedente e compie un passo più in là.

«E probabilmente, dai tempi dei tempi» dice Ruben ne *La testa fra le nuvole*, «da quella notte di bonaccia dei primi albori in cui senza essere richiesta, era giunta la prima parola, sarebbero impazziti tutti i marinai, tutti i viandanti, tutti coloro che si fossero fermati a contemplare il cielo per più di un attimo, sarebbero impazziti loro e anche tutti quelli che indagando scoprivano che dietro ogni mistero risolto ce ne era un altro da risolvere, sì, sarebbe stato un gran mattio il mondo, se nel secondo in cui si stagliava l'idea che non c'era alcun senso, subito, altrettanto chiara non fosse comparsa l'idea che tuttavia ci potesse essere un sentimento e che era proprio quello il rumore di fondo del mondo, ciò che permetteva di muoversi in quel tempo breve con occhi curiosi e attenti.»

L'anziana signora del racconto *Per voce sola* si confida così alla sua giovane visitatrice: «Prima di addormentarmi ho pensato a Giona, a lui, il ribelle. Il Leviatano che l'aveva inghiottito aveva inghiottito anche me. Stavo lì dalla nascita, immersa, sospesa tra il tritume del plancton. Mentre lui se ne andava tra gli abissi io gli fluttuavo dentro, un girino agitato e cieco... Stavo lì imprecando, dimenandomi... Ero così presa da quello, che non mi ero accorta che il mostro ogni tanto apriva la bocca, andava alla superficie e la spalancava per mangiare i pesci. Mangiava i pesci e anche l'aria. Allora la luce a sciabolate entrava dentro, illuminava la gola, la trachea, l'esofago. Avrebbe illuminato anche me se avessi fatto più attenzione, se l'avessi vista.»

Questo lento avvicinarsi alla luce riguarda anche Olga, la nonna di *Va' dove ti porta il cuore*.

«Il regno di Dio è dentro di voi, ricordi? Questa frase mi aveva già colpito quando vivevo a L'Aquila come sposa infelice. Quella volta, chiudendo gli occhi, scivolando con lo sguardo all'interno, non riuscivo a vedere niente, ma non era più una cecità assoluta, in fondo al buio cominciava ad esserci un chiarore, ogni tanto, per brevissimi istanti riuscivo a scordarmi di me stessa. Era una luce piccola, debole, una fiammella appena, sarebbe bastato un soffio per spegnerla. Il fatto che ci fosse però mi dava una leggerezza strana, non era felicità quella che provavo ma gioia. Non c'era euforia, esaltazione, non mi sentivo più saggia, più in alto. Quel che cresceva dentro di me era soltanto una serena consapevolezza di esistere.

Prato sul prato, quercia sotto la quercia, persona tra le persone.»

E alla fine della sua tormentata ricerca anche Walter di *Anima mundi* si trova a fare i conti con un nuovo orizzonte. Gli succede dopo i lunghi dialoghi con suor Irene: «Le sue parole sulla diversità della gioia per tutti quei mesi avevano continuato a tormentarmi. Avevo imparato ad alzarmi all'alba, svegliandomi mi capitava sempre più spesso di provare una sensazione nuova. Mi sentivo allegro. Non c'era un motivo preciso, un'idea. Anche la più piccola cosa mi faceva sorridere, nel mio sguardo c'era meraviglia, non altro. Era come se una parte di me stesse cominciando a dilatarsi, a respirare in modo diverso. Pensavo spesso al piccolo foro da cui entrava la luce di cui mi aveva parlato suor Irene.

Una mattina, mentre inginocchiato sulla terra dell'orto piantavo i cavoli, all'improvviso le ho chiesto: "La Grazia è gioia?"

Era molto stanca. Invece di rispondermi ha abbassato le palpebre, in segno di assenso.

Stupidamente ho aggiunto: "Perché?"

Allora lei ha sollevato piano un braccio, con lo sguardo ha seguito il suo gesto, sopra di noi c'era un castagno carico di frutti, più sopra il grande silenzio luminoso del cielo.»

SUSANNA TAMARO

Orvieto, luglio 1999

LA TESTA FRA LE NUVOLE

a Enrico

1.

Chi l'avrebbe mai creduto possibile? Nessuno, proprio nessuno, io ancor meno di qualsiasi altro. Eppure ciò che si rifletteva nello specchio di fronte era proprio la sagoma dei miei occhi, erano i miei capelli ispidi e rossi e le mie gote schizzettate di lentiggini, ero proprio io, insomma, io in carne e ossa, a trovarmi chiuso dentro la ritirata di un vagone.

Stavo lì, in precario equilibrio su un acquitrino di cellulosa e di rifiuti organici fin da quando il treno, simile a una grossa lucertola opaca sul dorso e brunita sui fianchi, aveva sporto il muso fuori dalla pensilina e si era inoltrato attraverso una campagna arsiccia e piatta. Stavo lì e, da quel momento, ero rimasto sempre in piedi davanti al lavabo pizzicandomi ogni tanto una gamba o una guancia per essere certo di stare davvero chiuso in quel cesso e non ancora tra le tiepide coltri del mio letto.

Infatti, la mia permanenza in quello strano luogo non era dovuta a qualche torbida mania o alla costipazione di un'ansa delle viscere più basse, ma solo al fatto che avevo l'intera polizia sguinzagliata dietro, sulle mie tracce. Stavo fuggendo, dunque, ed era questo l'incredibile di tutta la storia, ciò che per la prima volta dinanzi alla mia immagine riflessa nello specchio mi lasciava incredulo e perplesso.

Provavo quella sensazione non perché fossi un individuo tracotante e impavido, uno di quelli capaci con un solo schiocco delle dita di rivoltare il corso delle orbite celesti e neppure perché avessi radicato in me un anche minimo senso dell'onore. No, ero incredulo unicamente perché fin dall'istante della mia nascita avevo deciso che la mia sarebbe stata una vita tranquilla, tranquilla davvero. Di conseguenza per quindici anni mi ero sempre mosso tra persone e cose con gesti guardinghi e cauti, senza mai compiere un passo falso.

In realtà, a essere onesti, non mi ero mosso così fin dal primo istante. Nel primo istante avevo spalancato gli occhi per rendermi conto di dove fossi finito, di cosa mi succedesse intorno e, proprio mentre stavo roteando lo sguardo curioso per la stanza, all'improvviso era accaduto un fatto increscioso, incresciosissimo, insomma dalla gola mi era sfuggito un urlo selvaggio.

Non so perché mai avessi lanciato quel grido. Non lo so ma so per certo che, mentre stavo lì con la bocca spalancata, un brivido aveva preso a corrermi per tutto il corpo, e subito o quasi, mi ero reso conto che si trattava non di freddo ma di vergogna, di vergognoso orrore poiché dopo nove mesi di vita silente e quieta, ad un tratto e senza ragione alcuna mi ero comportato in maniera indegna, dimenandomi e urlando come un maiale inseguito dai suoi carnefici sull'aia.

Ecco, era proprio il fatto di non averlo deciso io a darmi un senso di insopportabile vergogna, a farmi vergognare talmente che, in un minuto o meno, oltre a tremare ero divenuto anche rosso purpureo come una melanzana matura. Comunque, ragionando e ragionando, quasi immediatamente avevo compreso l'assurdità di quella situazione e, con i pugni puntati sulle tempie, avevo cominciato a interrogarmi sulla possibile causa di quell'urlo poco gradito e imprevisto.

Per prima cosa mi ero domandato se avessi mal di pancia o mi dolesse qualche arto e dopo essermi risposto che, a parte l'imbarazzo, stavo benissimo, mi ero domandato se per caso nascessero a quel modo anche le puzzole e gli scoiattoli, se nel forare il guscio sbraitassero le tartarughe e i coccodrilli, o se i girini, al dissolversi dell'uovo membranaceo, saettassero per i fiumi gracidando a più non posso.

E proprio mentre stavo realizzando che nessun'altra creatura veniva alla luce in modo così poco degno e che, dunque, quello scomposto strepitio era una vergogna mia e solo mia, all'improvviso si era capovolto il mondo e il muco mi era sceso dal naso agli occhi, ero divenuto cieco o quasi e, ancora una volta, tendendo insieme l'ugola e il velopendulo, avevo ripreso a strillare come un maiale.

Poi, mentre retto per il malleolo, simile al frutto di un'incruenta mattanza pendevo nel mezzo della sala, avevo udito al mio grido sovrapporsi delle risate argentine e, tra i filamenti del muco, avevo intravisto tre o quattro persone battere le mani guardandosi l'un l'altra, sorridendo.

Non so perché mai si fossero comportate in quel modo, forse avevano creduto di trovarsi sotto il palcoscenico alla fine di uno spettacolo o forse al cinema durante la proiezione di una comica. Non lo sapevo e neppure mi era importato di saperlo poiché in quel preciso istante avevo suggellato un patto con me stesso. Avevo stabilito che quello sarebbe stato il mio primo grido e anche l'ultimo; che mai più nella mia vita avrei compiuto un gesto privo di ragione e avevo stabilito anche che se proprio in futuro avessi dovuto camminare, avrei camminato con passi guardinghi e cauti, se proprio avessi dovuto parlare, avrei parlato come nelle corsie degli ospedali e nei camposanti, cioè bisbigliando.

Avevo deciso tutto questo già al terzo istante. Lo avevo deciso in un secondo o meno poiché ormai ero certo che l'unico modo per sottrarsi a quell'incomprensibile cagnara, dove mentre uno senza neppure sapere il perché piangeva a dirotto e gli altri ilari gli applaudivano intorno, sarebbe stato quello di avere una vita tranquilla, tranquilla davvero. Negli anni che erano seguiti a quello spiacevole mattino, ero riuscito a vivere senza mai venir meno al mio patto. Mi era stato possibile grazie alla mia cocciutaggine, e grazie al fatto straordinario che, ancor prima di sapermi riconoscere in qualsiasi volto, ero rimasto orfano e, in quanto tale, ero stato trasferito in una gran villa assieme alla mia nonna e alla sua mamma, cioè la mia bisnonna.

Le due donne che già quella volta ci sentivano e vedevano poco, con il trascorrere degli anni erano divenute talmente cieche e sorde che spesso, al mio passaggio in una stanza, convinte che si trattasse di un animale entrato lì per sbaglio, battevano le mani gridando forte: «Via, via! Sciò, sciò!» Il fatto di esistere appena come un vago crepitio o un'ombra era stato un ulteriore aiuto per vivere tutti quegli anni nel modo più consono al mio ideale, cioè a pancia all'aria o prono tra l'erba del giardino.

Non avevo fatto nessuna fatica a vivere a quella maniera, non avevo dovuto neppure fare un grande sforzo per adattare il suolo al mio corpo poiché già al quarto giorno, nello spazio compreso tra la gloriette e i tigli si era formato di me un calco così perfetto che la mattina, sveglio da poco, senza neanche aprire gli occhi riuscivo ad adagiarmi nella fossa, ad adagiare il gomito nell'avvallamento del gomito, la nuca nella sua stessa depressione e il bacino e i talloni nelle loro rispettive nicchie.

In genere, restavo lì disteso fino a quando, dai borborigmi che salivano all'incirca dal baricentro del mio corpo, non comprendevo che era quasi giunta l'ora di cena o di pranzo.

Allora, con movimenti calibrati e lenti, mi alzavo dalla fossa e serpeggiando tra i bossi e i pitosfori raggiungevo la villa per nutrirmi.

Gli unici diversivi in quelle giornate di tran tran erano costituiti dall'occasionale passaggio del giardiniere oppure, nella buona stagione, dalle voci monocordi e forti delle nonne che, assise all'ombra della gloriette, si leggevano l'un l'altra i necrologi.

Durante l'estate in concomitanza con la notte in cui dal cielo cadono più stelle, le nonne usavano invitare in giardino tutte le loro amiche superstiti e, alternando scoppi di voce fragorosi a interminabili silenzi, restavano rintanate nella gloriette finché la luce del crepuscolo non si stemprava nel buio fondo della notte.

Era stato proprio nel corso di uno di quei ricevimenti che, ascoltando i loro discorsi disteso nella piacevole frescura della buca, ero venuto a conoscenza dell'intera storia della mia famiglia e dunque, in qualche modo, anche della mia, del mio destino.

La storia, a dire il vero, non era proprio tutta perché iniziava appena dal marito della mia bisnonna. Era giunto nella nostra città da un paese più a oriente assieme a suo fratello e a due bagagli quand'era poco più di un ragazzo; ma mentre il fratello, portando con sé una delle due valige colme di lana cardata aveva proseguito il viaggio in direzione del paese dove tutto poteva accadere, cioè verso l'America, lui con la valigia rimasta piena di saponette e unguenti, aveva deciso di stabilirsi in quella piccola città di mare.

Lì, con fissa un'idea in mente, aveva iniziato a sciogliere le saponette della dote, a mescolarle e a rifonderle con l'aggiunta di altri ingredienti e così, in breve, era riuscito a scoprire un liquido strano, una specie di colla o paraffina che, applicata agli scafi delle navi, era in grado di tenere lontano le alghe e i parassiti.

Da quelle saponette sciolte in poco tempo era nata l'intera fortuna della mia famiglia ed era divenuta così grande che, trascorsi neppure dieci anni, non c'era scafo al mondo che non fosse già stato tinto e ritinto da quella strana colla.

Poi, però, come le piante che nel loro sviluppo incontrano il gelo o un terreno troppo acido, così, a un tratto, anche quella fortuna aveva preso ad avvilupparsi su se stessa e a rinsecchirsi.

Era successo tutto nel corso di una sola primavera. Infatti quelle vernici repellenti che per tanti anni avevano fedelmente respinto dagli scafi ogni sorta di barbe di cane e di molluschi, all'improvviso, e per ragioni incomprensibili, anziché respingerli avevano iniziato ad attirarli.

Le prime a essere attratte da quell'intruglio divenuto improvvisamente un nettare erano state le alghe verdi e le patelle; poi, con il tempo, con lo spargersi della voce di fondale in fondale, a loro si erano aggiunti anche i mitili e le barbe di cane, le remore, i gattucci, le spigole e i saraghi, erano giunti, insomma, pesci e gasteropodi a frotte, ne erano giunti talmente tanti che ben presto, le navi, a causa di quel carico ittico sotto il pelo dell'acqua, avevano iniziato prima a beccheggiare e poi a non seguire più la rotta. Non l'avevano più potuta seguire perché quelle centinaia e centinaia di pesci ancorati con le boccucce allo scafo, dimenando le pinne ventrali, le caudali, dimenando la coda, avevano condotto le navi dove volevano loro.

Così, i bastimenti che stavano percorrendo la rotta dei tropici, senza volerlo si erano trovati in prossimità dell'Antartide, mentre le baleniere della Groenlandia, con tutte le loro fiocine e i rompighiaccio, erano finite nel mar dei Caraibi. Quando la prima nave, per un caso fortuito, era giunta in un porto ed era stata tirata in secca, ciò che fino a quel punto era stato un mistero, si era trasformato in qualcosa di chiaro come l'acqua di un lago montano: la causa di quelle molteplici derive infatti era solo e soltanto quella succulenta vernice.

Allora, in men che non si dica, tutte le navi che ancora circolavano per i mari erano state rimorchiate a terra e poi nei cantieri, erano state raspate e ritinte con un'altra vernice. E, naturalmente, altrettanto presto la mia famiglia era piombata sul lastrico.

Se la storia fosse finita lì, sarebbe stata una ben triste storia. Invece, con tempi più lenti, anche lo zio Isacco in America, impiegando in modo oculato le sue lane era riuscito a far fortuna, ne aveva fatta talmente tanta che era divenuto il sovrano di un immenso impero di materassi e trapunte, ed essendo privo di famiglia e generoso, aveva cominciato lui in persona a provvedere ai suoi parenti rimasti in Europa.

Ed era ancora lui, sebbene ormai decrepito, a occuparsi del mio sostentamento e di quello delle nonne, a pensare al nostro sostentamento e al mio futuro poiché, come appresi quella sera, in qualità di unico nipote, fin dalla mia nascita con un protocollo speciale mi aveva nominato suo erede universale.

Così, durante quella notte in cui piovevano stelle, avevo avuto la conferma definitiva che la mia vita sarebbe stata come una strada di campagna diritta, illuminata da un sole sfavillante e alto e che percorrerla non sarebbe stato null'altro che un gioco da ragazzi.

Proprio nei mesi seguenti a quella piacevole scoperta, la mente ormai sgombra da qualsiasi preoccupazione, stando disteso nella buca avevo cominciato ad accorgermi di un fatto strano, del fatto cioè che tutte le cose dalle più pesanti alle più leggere come chiamate da una voce irresistibilmente cadevano dall'alto verso il basso.

Era un fenomeno a cui, fino a quell'estate non avevo mai prestato una speciale attenzione, non mi aveva interessato proprio per niente fino a quando non mi ero accorto che c'erano due tipi diversi di caduta, un moto, cioè, per gli oggetti spenti che sempre e comunque, dopo un tempo più o meno lungo, raggiungevano la terra, e un moto per gli oggetti luminosi come le stelle che cadevano e cadevano senza mai giungere da nessuna parte.

Sulle prime, naturalmente, avevo pensato che si trattasse soltanto di uno scherzo dei miei occhi ma poi, osservandole precipitare dalla volta celeste notte dopo notte, avevo capito che non era un'illusione ottica e che davvero le stelle simili a chiome infuocate, cadevano e cadevano fino a dissolversi nel nulla.

Allora mi si era fissato in mente quel rovello, mi ero chiesto, insomma, perché mai, se c'era una legge, non era valida per tutti e, per vederci più chiaro, mi ero messo a studiare tutto ciò che con un movimento di caduta dagli spazi più alti raggiungeva quelli più bassi.

Disteso nella buca avevo iniziato a seguire con lo sguardo il moto delle piume, delle foglie, il moto delle ghiande e quello dei chicchi di grandine, il moto della pioggia e quello, violento e breve, dei pulcini fuoriusciti anzitempo dal nido, li avevo seguiti tutti annotando i rispettivi tempi, i percorsi, le eventuali somiglianze o differenze.

Così, con il passare dei mesi, ero anche giunto a una conclusione. Avevo concluso che tutte le cose, eccetto gli astri, erano divorate dalla smania di raggiungere il prima possibile ciò che stava sotto, in basso, e che la causa di quella volontà caparbia, altro non poteva essere che qualcosa di simile a una filigrana di piombo intessuta nei loro stessi corpi.

Sulla base di questa riflessione, per scoprire se per caso non vi fosse una possibilità di infrangere quella legge, avevo iniziato ad aggirarmi per il giardino nelle ore in cui l'aria era più rarefatta e fresca, scagliando verso l'alto ogni cosa che mi capitasse a tiro. Avevo lanciato manciate di terra e sassi, avevo lanciato rami e foglie e, una dopo l'altra le mie scarpe, con entusiasmo, saltando, correndo, finché dopo un paio di mesi, la monotonia delle loro cadute aveva preso a venirmi a noia.

A quel punto, ormai convinto che se avessi voluto raggiungere la probabilità di un risultato, avrei dovuto applicarmi a un solo tipo di lancio e il più possibile perfetto, decisi di lanciare un giavellotto. I primi voli erano stati infruttuosi; senza neppure un accenno di parabola era sfuggito dritto davanti a me finendo la sua corsa come un serpente, in mezzo all'erba. Poi, con ostinazione avevo perfezionato la tecnica, studiando i movimenti di ogni singolo muscolo, il modo esatto in cui le dita dovevano aprirsi per lasciarlo sfuggire lontano, in alto, avevo studiato questo e l'esatta sequenza dei passi e dei balzi, lo scatto improvviso e brusco della spalla e del braccio.

In seguito a quegli esercizi quotidiani lentamente il mio giavellotto aveva cominciato a modificare la sua traiettoria, da dritta e raso terra in una curva parabolica, in una curva così alta che più di una volta, nell'osservarlo, ero stato quasi certo che anziché tornare indietro trascinato dalla sua pesantezza, si sarebbe librato più in là, oltre le nubi, sparendo poi in direzione del sole e delle stelle.

E di sicuro, giacché ci mancava poco o pochissimo, di lì a poco sarei riuscito a portare a termine l'esperimento, avrei infranto almeno per una volta il vincolo della filigrana di piombo, se a un tratto, per motivi estranei alla mia volontà non avessi dovuto interrompere la serie dei lanci.

La causa di quella fine aveva un nome e un volto. Si chiamava Oskar ed era un istitutore giunto alla villa per seguire il completamento della mia educazione.

Era arrivato in un tiepido pomeriggio di primavera proprio quando io mi stavo riposando nella buca e, con le mani sui fianchi diritto davanti a me, aveva gridato forte: «E allora, ragazzo mio, stiamo poltrendo?!»

A quelle parole io, convinto che si trattasse di un fattorino burlone in cerca di una rissa, avevo fatto finta di non aver udito niente e mi ero girato pigramente dal lato opposto ma, nell'attimo esatto in cui stavo per riprendere sonno, una gragnuola di terriccio e sassi mi aveva colpito sulla nuca.

Allora mi ero voltato di scatto come una vipera pronta a mordere. Tuttavia prima che potessi ingiuriarlo anche con una sola parola, lui sorridendo con tutti i denti aveva sporto una mano in avanti e aveva detto: «Piacere, sono Oskar, il nuovo educatore.»

Non condividendo affatto quel piacere, non avevo risposto nulla, e avevo finto un'altra volta un sonno improvviso e profondo.

Poi, mentre i rumori circostanti si allontanavano da me dolcemente come se stessi dirigendomi con una nave dalla costa verso il mare aperto, avevo ripensato ancora alle sue parole convincendomi che doveva trattarsi di un madornale errore, che quell'uomo insomma doveva aver sbagliato cancello o qualcosa del genere.

L'equivoco, invece, era soltanto mio: ne avevo avuto il sospetto già la mattina seguente quando lo avevo visto camminare lungo il prato in direzione della buca discorrendo amabilmente con le nonne, e ne ero stato proprio certo quando, dopo avermi chiamato forte per svegliarmi, in coro avevano ripetuto la stessa frase del giorno precedente.

A quel punto, per mostrare che educato ero già, e per bene, senza sollevare il busto dalla fossa, avevo sporto un braccio verso l'alto e avevo detto con tono gentile che mi chiamavo Ruben e che il piacere era tutto mio. Sentite le mie parole le nonne, con aria soddisfatta e traballando sui tacchi, avevano fatto dietrofront verso la villa e io ero rimasto lì solo, a guardarmi negli occhi con il mio educatore.

Aveva occhi grigiastri, sporgenti, acquosi e sopra e sotto glabri. Dopo averli guardati per un minuto, giacché non erano belli né succedeva niente di interessante, mi ero messo a pancia in giù e avevo ripreso a dormire.

Non avevo fatto in tempo però neppure a raggiungere la soglia di un minuscolo sogno, poiché lui, subito, con una pressione lieve ma non troppo delle sue scarpe sulle mie falangi, mi aveva costretto bruscamente a riaprire gli occhi.

Allora l'avevo scorto un'altra volta sovrastarmi con la mano tesa e il sorriso di tutti i denti, e allora anche pensando che alla base di quel ripresentarsi doveva esserci una sordità congenita o qualcosa del genere, avevo levato di nuovo il braccio dalla buca e con più voce ancora avevo ripetuto che mi chiamavo Ruben e... e, all'improvviso, da una scossa tellurica ero stato sbalzato fuori dalla buca.

Solo quando il sangue, adattatosi alla nuova condizione, aveva ripreso a fluirmi quieto dalla testa ai piedi e viceversa, mi ero reso conto che era stato proprio Oskar a cavarmi fuori dalla buca, che da lì, afferrandomi per un braccio, mi aveva strappato con la violenza con cui dal suolo si strappano la zizzania o le erbe matte.

E infatti, mentre stavo ancora di fronte a lui frastornato e sporco di terriccio, lui aveva catturato una mia mano tra le sue e stringendola in su e in giù con vigore, aveva ripetuto tutto d'un fiato: «Piacere, sono Oskar, il nuovo educatore» aggiungendo subito dopo che così si salutavano le persone civili, da pari a pari, in piedi.

Da quel preciso istante in poi la mia vita tranquilla, tranquilla davvero, aveva cominciato a sbriciolarsi come un biscotto sotto i cingoli di un panzer.

A partire da quel giorno, infatti, ero stato costretto a dormire soltanto nel letto, avvolto nelle lenzuola come in un mortifero sudario, ero stato costretto ad alzarmi ancor prima del sorgere dell'alba, a lavarmi, a pettinarmi, a indossare ogni giorno vestiti diversi e puliti, a mangiare con un orario e seduto, a compiere benefiche flessioni e salutari giri di corsa e, come se tutto ciò non bastasse, ero stato costretto anche a passare la mattina intera e il pomeriggio in parte nella gloriette, con davanti a me una pila di libri e di quaderni e Oskar seduto accanto.

Nei primi mesi, è vero, avevo appreso in quanto tempo erano state costruite le piramidi, quanto spettava a ogni bambino di una torta, da dove nasce il

Gange e dove sbocca e ancora l'ammirevole coraggio della madre dei Gracchi, e perché mai una palla, correndo e correndo, alla fine si ferma. Avevo imparato queste cose e un'infinità di altre ripetendo ad alta voce ciò che ripeteva Oskar ma, alla sera, anziché essere pago e felice di tutto quel sapere, mi giravo e rigiravo nel letto inquieto come una belva rinchiusa.

Ben presto, durante le lezioni avevo cominciato a distrarmi per un nonnulla, per una coccinella a passeggio per il tavolo, o per un fiore di glicine che vi planava sopra, mi distraevo io ma Oskar non si distraeva affatto, no, continuava a fissarmi con i suoi occhi rapaci e tondi e, dopo un minuto di silenzio, usando le dita come pinze mi stringeva la pelle delle braccia e delle gambe, mi torceva le orecchie come se fossero manopole.

Così, con il passare dei mesi, di notte e di giorno avevo iniziato anche a sognare di essere un tronco centenario abbattuto nel mezzo del bosco, di stare lì coperto di licheni e muschi scrutando sopra me crescere i funghi e passeggiare in ordinate file decine e decine di grosse formiche. Sognavo, insomma, di essere una cosa ferma con tutto il mondo che turbinava intorno, poiché dei libri e di quella vita ero stanco come una lepre inseguita per miglia e miglia.

Dalla distrazione, durante lo studio o gli esercizi salutari, ero passato via via a un sonno profondo. Dormivo come un cavallo, in piedi, oppure sdraiato al suolo come un ghiro avvolto nella sua stessa coda, dormivo così, ma per poco poiché subito Oskar, gettandomi addosso dell'acqua gelata, bruscamente mi riportava nel mondo delle cose viventi.

Un giorno, poi, era accaduto che Oskar, al ritorno da una sua breve assenza, mi avesse trovato anziché intento allo studio disteso nella buca. Allora, si era allontanato senza fare commenti ed era ricomparso poco dopo con una carriola colma di qualcosa di pesante. Che cosa fosse lo avevo scoperto soltanto alcuni minuti più tardi, quando tutt'a un tratto intorno alle gambe e al corpo avevo percepito scorrere un liquido denso, un fiume di gesso in cui già dalla nuca alle scarpe ero sprofondato.

La cosa in sé, giacché in altro non si sarebbe risolta che in un'immobilità permanente, non mi sarebbe dispiaciuta affatto se poi Oskar con delle funi e delle leve non mi avesse estratto fuori e con la stessa carriola non mi avesse trascinato fino alla gloriette.

Lì le lezioni, nonostante fossi più simile a una statua che a uno scolaro, erano proseguite regolarmente come tutti i giorni, con la sola differenza che, a intervalli di un paio d'ore, Oskar diceva: «Ti vedo stanco...» aggiungendo subito dopo con un sorriso mellifluo che se lo avessi voluto, avrei potuto andare a dormire nella buca oppure a sgranchirmi un po' le gambe.

Naturalmente io non gli avevo risposto niente, e anche la sera, quando con un colpo di martello aveva spezzato in due il mio busto di gesso, io anziché ringraziarlo grato o mettermi a piangere, mi ero avvolto nelle lenzuola e avevo finto un sonno tanto profondo quanto falso.

Quella sera, comunque, nel mezzo dell'insonnia un'immagine aveva cominciato a infiltrarsi tra le altre: vedevo un papiro lungo e flessuoso morire lentamente, ingiallendo dalla piumata sommità alle radici come se fosse privo della sua polla d'acqua e, nel vederlo, mi fu subito chiaro che quel papiro altro non era che il simbolo della mia vita ormai pressoché distrutta da tutta quell'attività frenetica e insulsa.

Solo allora avevo compreso quanto fosse indispensabile per me trovare quanto prima un rimedio a quella subdola tirannia. La cosa più semplice da farsi sarebbe stata quella di avvisare le nonne della pericolosità di quell'uomo. Sarebbe stato molto facile dirglielo ma non mi avrebbero mai creduto perché Oskar, ogni volta che loro si aggiravano nei paraggi mi prendeva affettuosamente sotto braccio oppure mi scompigliava i capelli dicendo: «Il mio caro ragazzo...»

Esclusa la salvezza delle nonne, di soluzioni non ne era rimasta che una, la fuga, ma era una soluzione che mi lasciava perplesso poiché così, senza arte né parte, se non dallo zio d'America, non avrei saputo proprio dove fuggire. Poco prima dell'alba, però, ricordandomi di come le onde via via erodono le scogliere di basalto, avevo capito che invece di una soluzione definitiva ne avrei potuta scegliere una parziale, che avrei potuto, insomma, riconquistare gli spazi della mia vita precedente con un lento progredire di movimenti impercettibili.

Senza interporre tra il dire e il fare il mare, avevo iniziato ad applicare il mio nuovo metodo già quello stesso mattino. Mi ero alzato, infatti, quando Oskar dormiva ancora e subito, con passi leggeri e cauti mi ero avviato verso il giardino. Una volta sul prato, immobile con le mani sui fianchi avevo respirato a pieni polmoni l'umida e fresca aria notturna ed ero rimasto lì felice a contemplare il quieto splendore del giardino. L'avevo contemplato senza che neppure per un istante mi sfiorasse il sospetto che quella sarebbe stata l'ultima volta e che, di lì a poco, con la stessa implacabile traiettoria con cui le cose cadono dall'alto in basso, su di me si sarebbe abbattuta una tremenda catastrofe.

Non l'avevo sospettato lì sul prato e neppure poco dopo, quando avevo recuperato il mio giavellotto e avevo preso a lanciarlo verso il cielo. Lo avevo lanciato decine di volte per tutto il giardino, lanciandolo mi ero chiesto come mai Oskar non si vedesse da nessuna parte, me l'ero chiesto e subito anche me l'ero scordato, avevo continuato a correre e a saltare con i piedi bagnati di rugiada e più correvo e più saltavo più il mio giavellotto schizzava verso l'alto, così in alto che per un paio di volte ero stato quasi certo che, sforando l'al di là delle nubi avrebbe proseguito la sua corsa per sempre.

Era andato tutto così bene per un'ora o meno, finché il sole, con la sua luce arancio ardente, accecandomi aveva invaso ogni lato del giardino. A quel punto non avevo visto più niente ma non mi ero fermato neppure quando, davanti a me tra i cespugli e i tronchi, mi era parso di scorgere un'ombra. Avevo pensato appena che doveva trattarsi di un cane randagio o di un'illusione ottica, fino al momento in cui il mio giavellotto, fendendo l'aria con un sibilo potente, era scomparso da quella parte.

Allora ero andato in quella direzione a rovistare tra l'erba e le siepi e lì, proprio sotto un pitosforo avevo visto sbucare le sue scarpe riverse. Improvvisamente, avevo capito che il giavellotto invece che

conficcarsi nel prato o su un tronco, si era conficca-
to nel corpo di Oskar.

Ciò ch'era seguito non lo ricordo nei tempi esatti.
Ricordo solo che poco dopo avevo udito un merlo
ripetere più volte il suo canto e, sulla strada, il passaggio rumoroso di un paio di furgoni, e ricordo
che, una volta superato lo stupore ero stato certo
che, non appena scoperto il corpo, tutti mi avrebbero reputato l'assassino. No, non avrebbero mai creduto alle mie parole, al fatto che si era trattato soltanto di una svista, di un banale errore di traiettoria,
non mi avrebbero creduto le nonne e men che meno
la polizia e così io, in un paio d'ore, da erede universale dello zio Isacco, mi sarei trasformato in un
ergastolano, in uno che avrebbe trascorso la vita
intera chiuso in un cunicolo senza mai vedere lo
sfavillio notturno delle stelle e il sole, ogni giorno,
levarsi e sparire dal limite estremo dell'orizzonte.

Davanti all'idea di quell'ingloriosa fine mi ero
scosso come una lepre a uno sparo e come una lepre
anche, avevo preso a correre verso il cancello della
villa e poi lungo la strada, avevo corso veloce, spingendo le braccia indietro, le ginocchia all'altezza del
mento, finché senza rendermene conto, ero entrato
nella stazione ferroviaria e, con un balzo, ero saltato
sul primo treno in partenza.

2.

Il resto è storia nota: è la storia di me chiuso in un cesso che, pensando a come tutte quelle cose e in un tempo così breve avessero devastato la mia vita tranquilla, incredulo mi guardo e mi riguardo nello specchio.

E più vi pensavo, poi, più tutto mi pareva oltremodo strano. Infatti, se quelle disgrazie dovevano finire sul percorso di qualcuno, perché mai erano finite proprio sul mio, sulla mia strada di campagna dritta e illuminata da un sole sfavillante e alto? Perché vi erano precipitate sopra veloci e potenti come sassi staccatisi dalla volta celeste, senza che riuscissi, almeno un secondo prima, a percepire il sibilo e a schivarle? E perché mai io, che da sempre avevo condotto una vita riservata e quieta, a un tratto, ero stato costretto a mutarmi da erede di un impero di trapunte e materassi in un quasi assassino inseguito dappertutto dagli sguardi della polizia?

E ora che la mia strada di campagna s'era dissolta in un desolato groviglio di crateri e rovi, quale mai sarebbe stato il mio destino?

C'era un disegno dietro tutto questo o solo un rimbombante vuoto?

Con le mani in tasca e gli occhi fissi nei miei stessi

occhi pensai tutte queste cose, finché qualcuno, prima gentilmente e poi con impazienza, abbassando più volte la maniglia cercò di aprire la porta del mio nascondiglio.

Allora, certo che sarebbe stato meglio non avere comportamenti sospetti, mi sciacquai le mani e, senza perdere altro tempo, uscii subito dal cesso. Da lì, cercai un posto dove sedermi, lo volevo solitario o quasi e dopo sei o sette scompartimenti riuscii anche a trovarne uno in cui l'unico passeggero era un ragazzo con i capelli bianchi e una divisa grigia e bordò addosso che dormiva saporitamente. Appena dentro, per non volgere il viso verso il corridoio dov'era assai probabile che un poliziotto passasse e mi riconoscesse, mi misi a guardare fuori dal finestrino. Guardai i campi di grano maturo e le distese di girasoli, guardai i corvi e le gazze volarvi sopra e il lavoro delle mietitrebbia e dei trattori, mi concentrai, insomma, su qualsiasi oggetto fino a quando, dal riflesso nel vetro, mi accorsi che il mio compagno, ormai sveglio, mi stava fissando con insistenza. E infatti, dopo un minuto o meno, senza presentarsi né niente, come se avesse una terribile fretta, il ragazzo mi scosse per un braccio e mi chiese se, per caso, vestito con solo un paio di pantaloncini e una maglietta, non avessi freddo. Mi apostrofò così, e io, per non lasciar spazio a eventuali domande, annuii subito e dissi che era vero, che sebbene fosse caldo ci mancava poco che mi mettessi a battere i denti.

A quel punto, con voce un po' troppo entusiasta, esclamò che si trattava di una combinazione magnifica davvero perché lui, invece, con quella divisa di lana stava proprio morendo dal caldo e nulla sarebbe stato più semplice e saggio, se io ero d'accordo, che scambiarci l'un l'altro gli indumenti. Grato all'ingenuità di quel ragazzo che inaspettatamente mi dava l'opportunità di cambiare aspetto, risposi che anche a me pareva un'ottima idea e, senza indugiare oltre, abbassate le tendine del corridoio, ci svestimmo e rivestimmo svelti.

Poi, mentre io ancora mi stavo allacciando i bottoni dorati della casacca, lui già pronto con tono brusco disse che, essendo quasi giunto a destinazione, doveva lasciarmi e dalla porta ancora mi fissò con i suoi occhi color rubino aggiungendo: «Ricordati per sempre che sebbene sembri un coniglio il mio nome di battaglia è Spartaco.» Detto questo, svelto e senza alcun rumore sparì nel corridoio.

Rimasto solo pensai che per prima cosa avrei dovuto sapere dove mi stava conducendo quel treno. Nel frattempo, infatti, avevo deciso che affinché quella fuga non si risolvesse in una serie di movimenti scomposti e vani avrei dovuto avere una meta precisa e che quella meta altro non poteva essere che l'impero dello zio Isacco laggiù in quel paese dove tutto poteva accadere, cioè in America. Essendo rischioso però interrogare un passeggero o peggio ancora il controllore, per risolvere il problema stabilii di scendere alla prima fermata, leggere l'indicazione sul binario o sul fianco del vagone e, scegliere se era il caso o meno di risalire su quel treno.

Per realizzare il mio piano non dovetti attendere molto. Infatti, trascorsa una mezz'ora, con un frastuono di sbuffi e sferragliamenti il treno cominciò a rallentare la sua corsa e rallentò ancora fino a fermarsi, come un capodoglio stanco, sotto le pensiline di una stazione.

Mentre i passeggeri scendevano mi affacciai al finestrino per controllare che la polizia non transitasse sulla banchina e soltanto quand'ebbi constatato che, a parte i viaggiatori e un paio di facchini, non c'era nessun altro, mi decisi ad abbandonare lo scompartimento.

Il cartello, per fortuna, lo trovai già sulla fiancata del vagone seguente e leggendolo appresi che la destinazione era la capitale. Dunque andava bene, anzi benissimo, poiché da lì avrei sicuramente avuto mille e una possibilità di imbarcarmi su un aereo e raggiungere l'America.

Improvvisamente sollevato da quel pensiero, con le mani in tasca e fischiettando mi avviai di nuovo verso la porta del mio vagone e quasi giuntovi mi accorsi che in bilico sul predellino c'erano due donne, una magra e una grassa, che la magra spingeva la grassa gridando: «Oh issa!» e la grassa, facendole eco agitava un bastone bianco in aria.

A ogni grido, però, entrambe anziché avanzare rinculavano indietro, sembrava che a ogni sforzo stessero per abbattersi al suolo, e infatti caddero, precipitarono una sull'altra nello stesso istante in cui fui alle loro spalle.

Per il timore che qualcuno mi ritenesse responsabile dell'accaduto, solerte e gentile subito le soccorsi, tirai su prima una e poi l'altra, tirandole in piedi vidi che la grassa non vedeva, cioè era cieca e poi non vidi altro perché nello stesso istante dal fondo della banchina echeggiò il fischio della partenza e io, gridando: «Arrivederci» con un balzo saltai sul predellino. Balzai lì ma subito, strattonato per il lembo dei pantaloni come una camicia dallo stenditoio, ricaddi al suolo, tra le due donne. A quel punto sentii la magra esclamare: «Dio ti ringrazio, l'esercito della salvezza!» e, sempre lei, con la velocità del fulmine, mi infilò un braccio sotto il braccio della grassa, nella mano opposta la valigia e dicendo: «Su, su svelti che il treno parte» con quel gravoso fardello mi risospinse sul vagone.

Non potendo in quell'istante far altro, con la forza di un mulo trasportai in cima ai gradini la grassa e il suo bagaglio. Feci appena in tempo poiché, proprio quando compresso assieme a lei tra gli stipiti della porta, stavo pensando in che modo mai avrei potuto liberarmene senza dare nell'occhio, se cioè sarebbe stato meglio abbandonarla sbadatamente in uno scompartimento o spingerla giù dal treno in corsa, dalla banchina riecheggiò un secondo fischio e la magra ai nostri piedi cominciò a baciare i suoi stessi palmi aperti e rivolgendoli verso di noi vi soffiò sopra affinché gli schiocchi raggiungessero più svelti i nostri volti.

Quando il convoglio si mosse lei si mosse anche, ci corse per un po' a fianco traballando sulle sue scarpe di vernice bianca, salutandoci come si salutano i bambini, con le mani in aria; poi il treno aumentò la velocità e lei scomparve assieme alla grigia architettura delle pensiline.

Parecchie ore dopo giungemmo a destinazione. La grassa e io, nonostante i miei buoni propositi, eravamo ancora seduti uno accanto all'altra nello stesso scompartimento.

Fin dal momento della partenza, infatti, lei, stringendo con una morsa d'acciaio il mio braccio tra il suo, aveva preso il gioco in mano, cioè in braccio e, senza neppure interrogarmi sulle mie preferenze, mi aveva condotto alla ricerca di un posto di sua scelta. Una volta trovatolo, poi, volente o nolente mi ero dovuto sedere accanto a lei e per tutta la durata del viaggio mi ero dovuto subire le sue ininterrotte chiacchiere.

Naturalmente non avevo prestato attenzione a tutto quel fiume di parole, no, non avevo ascoltato neppure una delle vicende della sua vita che mi aveva narrato in quelle due o tre ore di percorso perché avevo fisso in mente solo il pensiero di come mi sarei potuto liberare da quella situazione il prima possibile e senza dare nell'occhio.

Ragionando e ragionando, ero giunto alla conclusione che la soluzione migliore sarebbe stata quella di fingere di dormire, di simulare un sonno talmente convincente e profondo da indurla, per simpatia, a fare altrettanto. In questo modo, non appena lei avesse rilassato il groviglio dei tendini e dei muscoli, approfittando del millimetrico fiato d'aria creatosi tra i due arti, sarei riuscito a liberarmi dalla morsa e con i passi silenziosi di un furetto mi sarei allontanato dallo scompartimento. Per cinque o sei volte tentai di simulare quel sonno improvviso e profondo, ma senza mai riuscirvi perché ogni volta, non appena avevo abbassato le palpebre, lei, voltandosi verso di me con il movimento brusco degli uccelli o dei rettili, mi scuoteva con la mano libera la spalla e gridava: «Ma insomma, cosa fa? Chiude gli occhi? Ma cosa fa? Dorme? Ma è matto? Non vorrà mica perdersi questo magnifico paesaggio?»

Ben presto, dunque, scoraggiato dal ripetersi della sua voce allarmata e stridula, da quelle unghie che a ogni grido mi si conficcavano nel braccio, decisi di far finta, perlomeno fino al termine del viaggio, di essere un membro dell'esercito della salvezza, e di rimandare la fuga a un momento più propizio. Il treno entrò nella stazione della capitale che era notte fonda. La cieca e io scendemmo confusi tra piccoli gruppi, tra individui solitari e coppie, e camminando in silenzio sotto le livide vampe dei neon guasti, ci avviammo verso la fermata dei taxi.

Ilaria, questo era il nome della cieca, viveva all'ultimo piano di un palazzo situato nella periferia estrema, tra l'aeroporto e il raccordo anulare. Abitava lì ma, contrariamente a quanto si potrebbe credere, la sua casa non era un attico bensì un minuscolo cubo di lamiera e tufo posto nel mezzo di una selva di antenne e di cemento, cioè sul tetto.

La sera in cui, dopo aver attraversato in auto la città da parte a parte, salimmo per la prima volta lassù, a casa, Ilaria, spostando un cagnolino di pezza e una bambola ballerina di flamenco mi fece accomodare su un divanetto a rombi arancioni e verdi. Lì dormii quella notte e tutte le notti seguenti per quasi un mese intero.

Durante il giorno, con sempre in mente il possibile istante della fuga, trascorrevo il mio tempo accompagnandola al supermercato, facendo lunghe passeggiate tra i cortili e i parcheggi dei dintorni, avvolto nel fiume ininterrotto delle sue chiacchiere, con dietro e davanti un codazzo di cani ischeletriti e festanti. Camminavamo in quel modo ogni giorno e ogni giorno, lei, sebbene persa in quella peripatetica logorrea, non cessava di strozzare il mio braccio neppure per un secondo. Anzi, fin dal risveglio lo teneva così stretto che già alle otto di mattina era divenuto paonazzo, e poi, via via, come una carnale meridiana, alle dieci purpureo a chiazze, a mezzogiorno esangue e dilavato e, nel pomeriggio, ormai incancrenito o quasi, cessava proprio di esistere, di appartenere a me come parte del mio corpo.

Soltanto la sera, costretta dalla diversità dei giacigli, dopo aver chiuso a doppia mandata la porta d'ingresso ed essersi infilata le chiavi nell'imbottitura del reggipetto, Ilaria mollava le sue spire, e mentre io, ottuso per l'improvvisa libertà, camminavo sbattendo tra gli spigoli delle pareti e quelli dei mobili, lei, distesa già tra le sue coltri, immobile e gialla come una statua di cera, dal fondo della sua stanza gridava forte: «Buonanotte Angelo, buona notte Angeluccio mio...»

Ogni sera mi chiamava con quel celeste nomignolo, perché non avendo la possibilità di vedermi, s'era scordata ciò che le avevo detto fin dall'inizio: che il mio nome era lo stesso del colore dei miei capelli, che mi chiamavo Ruben insomma...

Una volta alla settimana poi, il giovedì, se il tempo lo permetteva, nelle nostre passeggiate facevamo un giro differente. Per farlo prendevamo addirittura l'autobus, dall'autobus scendevamo in un piazzale polveroso e ampio dove c'erano soltanto un chiosco di granite e grattachecche, un campo di bocce per vecchi e, sullo sfondo, stretto tra due muraglioni, l'enorme cancello degli studi cinematografici.

Era proprio a quel cancello che eravamo diretti.

Il custode, abitualmente, ci attendeva in anticipo

sull'uscio della guardiola di vetro, in piedi, senza sorridere, stringendo un grosso volume sotto il braccio. Quand'eravamo giunti, dopo un laconico saluto, sistemava due poltroncine di plastica appena fuori dalla porta e subito lui e Ilaria con le gambe distese e il capo reclinato indietro vi si sedevano sopra come se davanti, anziché il piazzale polveroso e ampio, vi fosse uno schermo cinematografico gigante. In quella posizione, poi, cominciavano a chiacchierare. Chiacchieravano per ore, fittamente, mentre io, impossibilitato a fuggire per la presenza del guardiano, stavo dietro di loro, immobile e rigido come un candelabro.

Neanche a dirlo era sempre Ilaria a dare il via alla conversazione, era lei che iniziava a parlare chiedendo: «E allora? Com'è finito al cinque?» oppure: «Al ventidue c'è qualcosa di nuovo? È tornato o no l'assassino dalle mani di velluto?»

I numeri, naturalmente, indicavano le sale di posa e, tutto ciò che lei voleva sapere con tanta caparbia insistenza era soltanto come fosse finita la storia della settimana precedente, se ne fosse cominciata un'altra o se, di un film che aveva amato, avessero iniziato a girare la seconda parte.

Allora il guardiano, sfogliando il grosso libro che si era portato appresso, in cui erano scritti sala per sala gli oggetti di scena, gli effetti speciali, il numero degli attori e degli stuntmen presenti, controllava il fabbisogno del teatro cinque e, alla fine, con lunghe pause tra una parola e l'altra diceva: «Alla moretta del cinque hanno portato una pistola... c'è l'effetto sangue anche...» e nonostante ogni volta, nel porgere una simile notizia il guardiano usasse una cautela estrema, ogni volta Ilaria sobbalzava sulla sedia esclamando: «Oh, santo cielo, ma è proprio lei?! Non è possibile... oh, Dio Dio... ma, insomma è lei almeno che ammazza o muore ammazzata?»

La risposta veniva ancora dal grande libro. Infatti se il giorno seguente l'attrice che interpretava la moretta non era richiesta tra le presenze era evidente che moriva ammazzata, e che oltre che morta era già anche sepolta.

Proseguivano così l'intero pomeriggio: il custode, leggendo il diario di lavorazione, dava alcuni indizi sparsi, appigli e Ilaria, inframezzando silenzi tra una frase e l'altra, silenzi durante i quali, probabilmente, si tuffava nel ripostiglio della memoria a ripescare qualche particolare anteriore, ricostruiva l'intera trama del film in lavorazione all'interno dello stabilimento.

Se un giovedì per caso si svolgeva l'ultima scena, la conclusione di una storia tormentosa e lunga, e il finale era quello che Ilaria, come Cassandra, aveva previsto fin dall'inizio, lei, all'improvviso, diveniva euforica come una bambina e presa da un impeto di generosità mi mandava al chiosco di fronte a comprare tre grattachecche di menta. E, mentre il guardiano e io scioglievamo tra la lingua e il palato quelle scaglie trasparenti dal sapor di dentifricio, lei, con la bocca piena, continuava a parlare raccontando l'intera vicenda un'altra volta, spiegandoci da quali indizi, fin dal secondo giorno aveva capito che sarebbe finita proprio in quel modo.

Alle volte, però, il copione prevedeva che l'ultima scena si svolgesse all'esterno, all'alba in un casello autostradale oppure al crepuscolo su una spiaggia abbandonata e sporca. In quelle occasioni Ilaria, appreso che non ci sarebbe stata una fine, cioè una conferma alle sue ipotesi, sentendosi gabbata dal destino, si offendeva e diveniva così muta e triste che per alcuni minuti cessava addirittura di parlare.

Poi, rotto l'incantesimo di quella taciturna apatia, annaspando con una mano nell'aria cercava il mio braccio e appena vi si era nuovamente avvinghiata, attraversando lentamente e in silenzio il piazzale polveroso e ampio ce ne andavamo verso l'autobus.

Ogni giovedì, comunque, dopo cena (mangiavamo al buio, io solo avevo il sussidio di una candela), in qualsiasi modo si fosse svolta la giornata, lei, facendo finta di niente e senza dire neppure una parola, depositava una banconota sul tavolo. La prima volta, ovviamente, sospettai che fosse solo una prova per vedere se di me poteva fidarsi o meno; poi però, scorgendo quel foglietto variopinto restare per giorni interi sul ripiano non resistetti oltre e, sollevandolo delicatamente con solo la punta delle dita, lo feci sparire nel foro che c'era tra le cosce della ballerina di flamenco.

Da quella sera il ventre della bambola divenne il salvadanaio dove custodivo tutti i miei risparmi, poiché era chiaro che non appena avessi avuto il denaro sufficiente per partire, io da quella casa sarei subito fuggito. Sarei fuggito e sapevo anche già come: nel mattino prescelto scendendo avrei fermato l'ascensore a un piano imprevisto, al terzo o al quinto, l'avrei fermato lì e, prima che Ilaria si rendesse conto di cosa stesse succedendo, con uno strattone o un colpo basso mi sarei liberato dalla sua stretta precipitandomi immediatamente dopo a gambe levate giù per le scale.

Intanto però, finché i tempi non fossero stati maturi e pieno il ventre della ballerina di flamenco, mi conveniva restare lì, chiamarmi Angelo, mi conveniva portarla a spasso tra le brume degli scappamenti e i blocchi di cemento, sentire tutte le sue chiacchiere senza ascoltarle.

Proprio nel mio quarto giovedì presso la cieca, comunque, un giovedì in cui le nubi sospinte da un vento di scirocco correvano rapide oltre i tetti dei palazzi, attraversando il piazzale degli stabilimenti mi accorsi da un'aria di strano abbandono, che doveva essere successo qualcosa. Infatti, appena fummo all'ingresso, anziché trovare il custode ad attenderci, trovammo la guardiola di vetro vuota e sbarrata con appeso sulla porta un cartello su cui c'era scritto: «chiuso per sciopero».

A quel punto, Ilaria, allarmata dal non aver udito ancora avvicinarsi il guardiano, mi aveva già chiesto sei o sette volte: «Ma insomma, come mai c'è questo silenzio?!» mi aveva chiesto così e, prima che giungesse l'ottava domanda, io le dissi che in verità non c'era nessuno, che dovevano essere tutti in trasferta o qualcosa del genere.

Dissi così ma lei, naturalmente, non mi credette e, aggrappatasi con un braccio all'inferriata cominciò a scuoterla avanti e indietro urlando forte: «Apriteci, apriteci presto!!» Urlò in quel modo violento per più di cinque minuti interi e solo quando si rese conto che l'unica risposta era il tintinnio delle sbarre e lo stormire all'interno delle chiome dei pini, rassegnata, sventolando il suo bastone bianco in aria, mormorò: «Allora torniamo a casa.» Camminando tra le nubi di polvere e i sacchetti di plastica, ci avviammo verso la fermata dell'autobus e durante quel tragitto percepii che Ilaria per la prima volta era triste davvero. Infatti, contrariamente al solito, taceva cupa con le pupille ferme al centro delle iridi e, oltre a tacere, intorno al mio braccio aveva allentato la stretta, anzi mi stringeva così poco che fuggire, in quel momento sarebbe stato un gioco da ragazzi.

Tuttavia non fuggii. Pensai, piuttosto, che appena giunti a casa Ilaria, depressa, si sarebbe rintanata sulla sdraio in terrazza e lì, contando uno dopo l'altro i rombi dei jet che sorvolavano il palazzo, in men che non si dica si sarebbe addormentata, scordandosi di me, del suo Angeluccio, della mia mancia. Convinto che se non avessi trovato al più presto un rimedio a quella torva malinconia la sera stessa non avrei avuto nulla da infilare tra le cosce della ballerina di flamenco, quand'eravamo pressapoco nel mezzo del piazzale, mi fermai bruscamente e levando il braccio libero davanti a me, esclamai: «Ah, ecco dov'erano finiti...!»

A quelle mie parole Ilaria si scosse dal torpore e, sveglia e loquace come sempre, gridò: «Chi? Cosa? Chi, dove?!» e subito anche inclinando il capo e dilatando le narici tentò di comprendere, prima che glielo dicessi, cosa mai stesse accadendo.

«Sono gli operai degli stabilimenti» replicai a quel punto svelto, «sono tutti qui, si muovono da un lato all'altro del piazzale trascinando enormi strutture d'acciaio, macigni di cartapesta...»

«Ah, davvero? Davvero?» interloquì Ilaria, «Oh,

ma è strano davvero, io non sento niente, neppure un fruscio, un rumore, uno spostamento d'aria...»

Per fugare i suoi ultimi dubbi, allora, le spiegai che trovandoci sotto vento era più che normale che non sentisse niente e, senza lasciarle il tempo di dubitare delle mie parole, rapido come un telecronista cominciai a descriverle i movimenti che gli operai e i tecnici compivano nel piazzale. Stavano montando un castello ed erano così abili nel montarlo che già dieci minuti dopo ero in grado di dire che si trattava di un castello medievale, del castello di un film di cappa e spada.

Di tutto il castello, ovviamente, c'erano soltanto, puntellate da travi oblique, la facciata e una parete laterale, ma dietro a esse svettavano pinnacoli di ogni forma e dimensione, oblunghi, dalla sommità piramidale o simili a cipolle e sopra ognuno vi era issata una banderuola. Alcune erano di metallo, rigide, galletti siderei o rose dei venti; altre, invece, erano veri e propri vessilli di seta rossa e turchina e, mentre nel cielo sventolavano insieme vessilli e banderuole gli operai, sotto, erano già passati a un altro lavoro; con picconi e ruspe stavano scavando intorno alla facciata del castello un profondo fossato. Lo scavarono in cinque minuti o poco meno; poi, con pompe e idranti lo riempirono di un'acqua giallastra e torbida e appena fu colmo azionando un argano issarono anche il ponte levatoio, lo issarono poiché ormai era evidente che tutta la storia altro non era che la storia di un assedio.

Infatti, immediatamente dopo, dal lato opposto della piazza cominciarono ad avanzare degli alberi: ognuno conteneva un uomo dentro e avanzavano così, a piccoli passi, a passetti, a balzelli. Erano olmi, querce, tigli sparsi ed erano fatti tutti di cartapesta con chiome e fronde di luccicante plastica. Presto, comunque, con movimenti preordinati si dispersero tutti e circondarono il castello: ognuno raggiunse il suo posto, il posto era marcato a terra con il gesso, una croce per i tigli, un triangolo per le querce, un quadrato per gli olmi. Stavano tutti immobili, anche se si trattava di una foresta semovente, perché forse, di lì a poco, tra quei fusti e quelle foglie avrebbe avuto luogo il primo agguato e un messaggero dell'imperatore lì nel mezzo sarebbe stato stroncato da una freccia al cuore. La freccia, era chiaro, l'aveva celata fin dalla prima scena in un corpetto di cuoio e alla freccia, con un tubicino sottile, era legato un sacchetto di un liquido rosso, di tempera o ketchup.

Così anche se l'arciere non avesse scoccato lo strale, il messaggero sarebbe morto lo stesso, si sarebbe dato la morte da sé appena sfiorando il pulsante sopra la cintola. In quel modo la freccia sarebbe sgusciata fuori dal giustacuore e con schizzi di ketchup l'avrebbe colpito alla sinistra del petto.

Nel frattempo, comunque, scivolando silenziosamente sui cardini grazie a una cellula fotoelettrica si erano aperti i cancelli degli stabilimenti e, nel loro vano, era apparsa una schiera di cavalieri, decine e decine di cavalieri in fila con indosso armature luccicanti, con frombole, balestre e alabarde, con cotte di maglia e terrifiche celate, celate a bocca di passero, alla borgognona, con visiere a mantice o a incastro, celate come teste di stegosauro, di tirannosauro rex.

Erano rimasti così appena fuori dai cancelli, fermi

ma non immobili, perché i destrieri, inquieti, raspavano con gli zoccoli la polvere del suolo, scuotevano i colli da destra a sinistra, da sinistra a destra mentre i cavalieri con guanti d'acciaio e dita ossute e lunghe come quelle di uno scheletro, tiravano loro le redini al garrese.

Ecco, adesso, ormai pronti per l'azione, stavano tutti in attesa. Stavano in attesa la foresta semovente e il drappello di armature e cavalli, nelle zone d'ombra attendevano gli operai e i tecnici, attendevano tutti che da un minuto all'altro, su una grossa automobile con i vetri bruniti, arrivasse colui che con un solo gesto avrebbe dato il via all'assalto del castello.

Invece del regista, però, tutt'a un tratto, con ripetute folate, arrivò la sabbia polverosa del piazzale. Si mosse prima piano, poi, sobillata da raffiche più forti, cominciò a gonfiarsi in nubi rapide e opache che, vorticando senza alcun ordine, coprirono le chiome degli olmi e dei tigli, le froge dei cavalli, le celate dei dinosauri.

In breve, insomma, in quel cielo un tempo limpido svettarono soltanto i vessilli e le banderuole e, quando come un velo nuziale la polvere avvolse anche Ilaria e me, subito dissi di aver visto il regista in fondo alla scena alzare un braccio e che quel gesto significava una sola cosa, cioè che a causa della scarsa visibilità almeno per quel giorno s'interrompevano i lavori. A queste mie parole Ilaria, che fino a quell'istante era rimasta ferma e zitta, sussultò e, come se fosse uscita da un sogno, con voce esile chiese: «Ma insomma, perché s'interrompe? È finito per sempre o cosa?»

Laconicamente, allora, le spiegai che si trattava

solo di una sosta dovuta all'improvviso levarsi del vento e della polvere e che quasi di sicuro l'indomani mattina sarebbe ripresa la lavorazione. Detto questo, con uno strattone la trascinai verso il capolinea dell'autobus.

Giunti a casa Ilaria, dopo aver spiluccato qualcosa fuori dal frigorifero, lasciò sul tavolo una banconota grande quanto una farfalla tropicale e con il telefono in mano si ritirò nella sua stanza. Appena la porta fu chiusa come d'abitudine raccolsi i soldi, li arrotolai a mo' di cannoncino e con un fruscio lieve li feci scivolare dentro il corpo della ballerina di flamenco. In quell'istante, grazie alla consistenza di quella cifra, per la prima volta fui certo davvero che in assai meno di un mese sarei riuscito a raggiungere l'America.

Invece, quella banconota variopinta e frusciante non fu solo la più grande che guadagnai nel mio soggiorno presso Ilaria, ma fu anche l'ultima.

Il mattino seguente alla scena del castello, infatti, la cieca mi svegliò che era ancora notte fonda e subito, percuotendo con il bastone lo stipite dell'ingresso mi fece comprendere che era già pronta e che aveva una gran fretta di uscire. Allora, chiedendomi quale fosse la causa di quella levataccia, mi infilai presto la giacca e senza neppure sciacquarmi il volto la raggiunsi nel vano della porta. Entrammo nell'ascensore muti come pesci. Io ancora dormivo o quasi e solo quando giunti nel cortile del palazzo lei mi trascinò con uno strattone verso la fermata dell'autobus, compresi che il motivo di quella sveglia precoce altro non era che la sua impazienza di sapere come mai si sarebbe concluso l'assedio.

Così, mentre seduti uno accanto all'altro nei posti anteriori dell'autobus viaggiavamo verso il piazzale polveroso e ampio, io cominciai a pensare a tutte le possibili varianti della storia poiché ormai mi era chiaro che per racimolare più denaro possibile non avrei dovuto far altro che inventare, per una settimana o meno, ogni giorno una storia più avvincente. L'unico eventuale intoppo di quel piano avrebbe potuto essere l'improvviso calare del vento. In quel caso infatti, Ilaria, che aveva l'udito fine come un pipistrello, non sentendo alcun rumore non avrebbe tardato a dubitare delle mie parole.

Turbato da quell'idea subito sporsi il capo fuori dal finestrino e soltanto quando un refolo untuoso e tiepido mi sfiorò il volto, finalmente rassicurato mi risedetti al mio posto. Mi sedetti nell'istante stesso in cui l'autobus imboccò la strada desolata e vuota in fondo alla quale si apriva il piazzale, nell'istante in cui Ilaria si alzò dicendo: «Facciamo presto che tutti ci attendono.» E io quieto, senza scompormi, osservai: «Le troupes non giungono mai prima che il sole sia a...» e l'ultima parola mi morì soffocata in gola poiché la piazza era piena di gente davvero, sembrava una spiaggia a ferragosto, c'erano decine e decine di persone, un centinaio di ciechi con i loro accompagnatori. Alcuni erano soli con al fianco un labrador o un cane pastore, altri avevano con sé un seggiolino da campeggio, un ombrellone per le ore più calde, una borsa con il thermos. Stavano tutti così, intorpiditi, immobili, rivolti verso il centro del piazzale con le braccia conserte e, prima ancora che Ilaria dicesse: «Sono i miei amici, sono venuti a sentire lo spettacolo» compresi che ero finito, che in mezz'ora o meno tutti si sarebbero accorti della mia truffa.

Se ne sarebbero accorti per primi gli accompagnatori, non vedendo niente l'avrebbero riferito ai ciechi, avrebbero detto che non succedeva niente, che davanti a loro si estendeva soltanto una piazza sudicia e deserta e che dunque per nulla, proprio per nulla si erano alzati all'alba.

A quel punto la folla sarebbe stata percorsa da un fremito di sdegno e mi avrebbe inseguito urlando, agitando i bastoni in aria, scagliando ombrelloni e seggiolini, aizzandomi contro i cani, io non sarei potuto fuggire da nessuna parte. L'unico riparo era il chiosco di grattachecche che a quell'ora era chiuso e comunque, anche se fosse stato aperto non sarebbe servito a niente perché l'avrebbero divelto lo stesso e con le assi e i chiodi mi avrebbero fatto a pezzi.

Così, appena aprirono le porte a soffietto e Ilaria in piedi sul primo gradino, alzando un braccio in segno di saluto allentò dell'altro un po' la stretta, io fulmineo come un colubro sfilai il mio gomito dal suo e con un balzo saltai giù dall'autobus. Toccato il suolo la sentii alle mie spalle gridare forte: «Aiuto! Aiuto!» e subito mi diedi a una corsa a perdifiato.

Correvo spingendo le braccia indietro e avanti, portando le ginocchia all'altezza del mento. Correvo come una gazzella schivando con salti e scarti i cani assopiti tra la polvere. Correvo faticosamente, controvento e, correndo, mi pareva che quella corsa non finisse mai. Già sentivo sulla nuca l'alito tiepido dei labrador e dei lupi, nelle orecchie le grida ferine degli accompagnatori, già mi vedevo disteso al suolo

con sopra una ressa di bastoni, quando insperata-
mente dal lato opposto del piazzale scorsi avanzare
verso di me un furgoncino. Allora, quasi certo che
stesse per venirmi incontro, accelerai ancora la corsa, corsi con i pugni e i denti stretti finché lui non
mi fu quasi accanto; a quel punto con uno scatto di
reni saltai e planando sul retro del furgone, fui in
salvo.

3.

Che alla guida del furgone non vi fosse uno sconosciuto benefattore ma Spartaco in persona me ne accorsi soltanto quando, dopo aver girato per un'infinità di strade e piazze, ci fermammo in un prato fangoso e sporco sotto un cavalcavia di cemento e lui, gridando un'altra volta: «Che magnifica combinazione!» uscì fuori dall'abitacolo.

Poi, mentre ancora completamente frastornato e incredulo, stavo seduto nel bel mezzo del cassonetto, si accese una sigaretta e, con fare gioviale, mi raccontò in che modo nel passare lì per caso, avesse scorto il grigio e bordò della sua ex divisa e scorgendola avesse capito non solo che ero io ma anche che mi trovavo in una situazione critica.

Detto questo, espirando il fumo in anelli perfetti, mi fissò, almeno così credo, per avere una spiegazione e io, infatti, gliela diedi, dissi che alla base di tutto c'era soltanto un affare finito male con una ballerina di flamenco.

Apparentemente soddisfatto della mia risposta, Spartaco su quella storia non volle sapere altro: rimase per un po' zitto e assorto ripetendo tra sé e sé «affare» e si scosse solo quando dal fondo del prato sbucò un'altra macchina. Allora, dopo aver gettato a terra la cicca e averla schiacciata più volte con la cima della scarpa, mormorò che era giunto il momento di abbandonare il furgone e proseguire a piedi verso un luogo più protetto dove poter discutere in pace, poiché, aggiunse, se io ero un uomo d'affari lui non era da meno e se fossimo riusciti a unire le nostre forze, con ogni probabilità, in un futuro non troppo lontano avremmo potuto compiere insieme qualcosa di davvero straordinario.

Camminando per il prato mentre lui continuava a discorrere delle sue doti, per un istante mi interrogai su perché avesse mai deciso di lasciar lì il furgoncino e mi risposi che quasi certamente era già d'accordo con il proprietario e che, comunque, per me era un dettaglio di nessuna importanza perché a quel punto, ricercato com'ero e senza neppure una lira in tasca, non mi restava altro da fare che tacere e aggregarmi ai suoi piani straordinari.

Poco prima dell'ora di pranzo giungemmo a un deposito di pneumatici abbandonato. Spartaco, con una chiave assai simile a una lima per unghie, in un minuto o meno ne aprì la porta e, accertatosi che nessuno ci stesse vedendo, entrò dentro e con un cenno del capo mi invitò a seguirlo.

Lì, stando seduti uno di fronte all'altro su due ruote di camion cominciò a espormi i suoi piani. All'inizio fece un lungo preambolo, asserendo che nella vita di ognuno c'era sempre la possibilità di far fortuna, che il destino offriva mille occasioni e che dunque, per non perderle bisognava stare attenti e svegli, percepire ogni cosa come se a lato del capo, anziché i padiglioni auricolari, si avessero le antenne lunghe e sensibili di un grillo. Poi tacque per qualche minuto e, dopo aver emesso un paio di sospiri, avvicinandosi con il suo pneumatico al mio mi bisbigliò piano a un orecchio che io ero un ragazzo fortunato, fortunato davvero perché l'avevo incontrato proprio nell'esatto momento in cui tutto stava per compiersi. Era chiaro però, aggiunse parlando più forte, che prima di svelarmi il segreto voleva essere certo che io non fossi un codardo, un vile, uno che è fuggito una volta e fuggirà sempre. Disse così ma a quella insinuazione io non risposi nulla, lo guardai solo dritto negli occhi e quel mio semplice sguardo gli dovette bastare poiché, posandomi una mano sulla spalla, esclamò: «Allora amici per ora e per sempre» e subito prese a raccontarmi come, appena la settimana precedente, e in maniera del tutto casuale, avesse capito in che modo avremmo potuto diventare definitivamente ricchi.

Era accaduto tutto in un bar nei pressi del piazzale polveroso e ampio. Proprio mentre si trovava lì seduto su uno sgabello nei pressi del banco a sorseggiare una birra erano entrati due individui alti, con le gambe arcuate e dei cappelli a tesa larga in testa e avevano preso posto vicino a lui. Nonostante avesse già finito di bere, incuriosito da quell'aria straniera, aveva ordinato un'altra birra e volgendo le spalle come se niente fosse, aveva ascoltato da capo a coda tutti i loro discorsi. Proprio così aveva appreso che i due erano produttori cinematografici giunti dalla California per girare un film di guerre siderali negli stabilimenti del piazzale e sempre dalle loro parole, aveva appreso anche che l'unico problema ancora da risolvere per dar il via alla lavorazione era quello degli stuntmen, cioè di un certo numero di ragazzi robusti ed elastici, disposti a tutto.

Se la notizia fosse stata solo quella sarebbe stata una notizia inutile come mille altre. Invece, i due uomini, dopo aver tracannato l'ultimo sorso di whisky con un brusco movimento del capo, tirando un sospiro profondo, avevano aggiunto che se avessero trovato quei ragazzi direttamente lì sul posto li avrebbero pagati con tant'oro quant'era in centimetri la loro altezza. E in caso fossero stati bravi davvero, alla fine delle riprese li avrebbero addirittura portati con sé in America.

Detto questo erano poi usciti e con una Cadillac tutta d'argento erano scomparsi in direzione degli stabilimenti. Lui, invece, ordinata ancora un birra era rimasto sullo sgabello a riflettere su tutto ciò che aveva appena sentito, e dopo una mezz'ora o meno era giunto alla conclusione che tutta quella storia altro non era che la tanto attesa mano del destino, e che ignorarla avrebbe voluto dire condannarsi a un'infelicità permanente.

Diventare quegli uomini che cadono da qualsiasi altezza, che bruciano, annegano, si tagliano gli arti e si rialzano sempre sorridenti e freschi, proseguì Spartaco, non sarebbe stato affatto difficile. Bastava non perdere tempo e allenarsi ogni giorno dal tramonto all'alba in ogni sorta di rischiose prodezze.

In quel modo in assai meno di un mese, entrambi ci saremmo trasformati in degli stuntmen così perfetti e invincibili da essere convocati quasi immediatamente in America dove saremmo vissuti fino alla fine dei nostri giorni in una gran villa con il patio e la piscina senza far altro che cadere e rialzarsi.

Andava da sé, comunque, continuò Spartaco, che

se mi faceva partecipe di quel piano segreto era unicamente perché fin dal momento in cui ci eravamo scambiati gli indumenti sul treno lui mi aveva considerato un amico e con gli amici era solito dividere il pane e l'acqua, le gioie e i dolori, divideva tutto, a patto però, concluse fissandomi come se volesse scuoiarmi, che obbedissero ai suoi ordini senza mai fiatare o fare domande.

Quel primo giorno lo passammo quasi tutto discorrendo seduti sui pneumatici nell'ombra arroventata del deposito e appena un po' dopo l'imbrunire Spartaco uscì un'oretta alla ricerca di qualcosa da mangiare. Rimasto solo mi stesi sui copertoni con le mani raccolte dietro la nuca e pensai che, in fondo, tutto ciò che poco prima lui aveva detto sul destino era vero e che dunque io ero un ragazzo proprio fortunato perché, di lì a poco, e con un minimo sforzo, sarei riuscito a coronare il mio sogno della fuga in America.

L'allenamento per diventare stuntman cominciò già la sera seguente. Spartaco venne a prendermi al deposito poco dopo il crepuscolo con una Peugeot color notte e, a bordo di essa, attraversando interminabili periferie, raggiungemmo la nostra prima palestra. Era una torre diroccata e alta posta nel mezzo di un prato quasi brullo e coperto di detriti.

Dopo aver staccato i fili dell'accensione per spegnere il motore Spartaco estrasse dal bagagliaio delle corde e dei chiodi e si avviò verso la base della torre. Lì mi legò una sorta di maldestra imbracatura intorno ai fianchi e senza dire niente iniziò ad arrampicarsi.

Salimmo e scendemmo dalla torre fin quasi all'alba. Lui stava davanti e apriva la strada posando i piedi nelle sbrecciature dei mattoni, ne apriva una diversa a ogni salita e ogni tanto, a metà del percorso, mi ordinava di deviare verso una ferritoia o di flettermi nel vuoto fino a cogliere un'infiorescenza di cappero o, ancora, quand'ero a una certa altezza da terra di saltar giù senza fare alcun rumore.

Per l'intera durata dell'esercitazione io obbedii a tutti i suoi ordini eseguendoli con l'inaspettata destrezza di un acrobata. Lassù in alto vicino alle stelle, infatti, mi sentivo straordinariamente leggero, aereo e distante da tutto come mi ero sentito soltanto tempo addietro lanciando il giavellotto.

Lavorammo a quel modo, senza mai fermarci, fino a che la luce del sole tinse di chiaro la torre e il paesaggio intorno. Solo allora, raccolti i nostri attrezzi rimontammo sulla Peugeot color notte e facemmo ritorno al deposito di pneumatici. Lì Spartaco, prima di addormentarsi, tra uno sbadiglio e l'altro mi domandò di raccontargli l'intera storia della ballerina di flamenco.

Non so per quale motivo mi fece quella richiesta, se per popolare i suoi sogni o cosa, non so perché ma so che essendo troppo stanco, non ebbi la forza di rispondergli.

Nelle ore seguenti però, a tratti sveglio, a tratti immerso nel sonno non riuscii a pensare ad altro che alle cosce della ballerina di flamenco e ai soldi che si teneva stretti dentro. E più vi pensavo più l'averli lasciati ad ammuffire nel mezzo di quel ventre mi pareva una cosa sciocca e, oltre che sciocca, ingiusta, poiché quelle banconote me le ero guadagnate onestamente, con il sudore della mia fronte.

Così, quando all'imbrunire seguente Spartaco, guidando la Peugeot color notte, mi confidò che per continuare gli allenamenti sarebbe stato utile avere un po' più di liquidi, non esitai neppure un istante e gli raccontai l'intera storia del tesoro custodito là dentro, tra le cosce della ballerina di flamenco.

Appena ebbi finito, tuttavia, lui con sufficienza alzò le spalle e mi intimò di non dire sciocchezze perché era noto a tutti che ogni donna custodiva là in mezzo un tesoro, qualcosa di assai simile a una cornucopia.

Dalle sue parole compresi che gli era sfuggita la cosa più importante. Allora gli spiegai che non si trattava di una ballerina in carne e ossa bensì di una bambola di taffettà e plastica di proprietà di una cieca e che, siccome quella bambola imbottita di soldi se ne stava seduta a gambe larghe su un divano all'ultimo piano di un palazzo, per noi rientrarne in possesso sarebbe stato poco meno di un gioco da bambini.

Convinto Spartaco della veridicità delle mie affermazioni, decidemmo di comune accordo di tentare l'opera di recupero e che, dunque, anziché alla torre saremmo andati al palazzo di Ilaria.

Per quella volta, però, contrariamente al solito, io sarei rimasto a terra e nascosto perché pur essendo un'azione più che legittima, c'era sempre il pericolo che qualcuno mi riconoscesse e mettesse in subbuglio l'intero condominio.

Il piano lo perfezionammo durante il tragitto in macchina verso il palazzo. Arrivati lì, chiusi nell'abitacolo con solo intorno un viavai di cani scheletrici e dagli occhi gialli, ci scambiammo gli ultimi consigli.

Poi lui scese e solo quand'era già distante alcuni passi dall'auto si volse verso di me e, toccandosi proprio lì in mezzo alle gambe, gridò ancora che se non avesse fatto ritorno nel tempo che mi sarebbe occorso per contare fino a cinquecento, avrei dovuto abbandonare la Peugeot e fuggire quanto prima al deposito di pneumatici. Detto questo sparì davvero in direzione del gigantesco palazzo.

Tutto invece andò nel modo più perfetto. Nel tempo dell'attesa non accadde niente di strano e non solo non accadde niente ma anche lui, stringendo la ballerina per lo scalpo, tornò all'auto quando io dentro di me stavo ripetendo appena «trecentoventitré».

Comunque soltanto quando fummo giunti al sicuro tra le pareti del deposito Spartaco, infilando con abilità un dito nella fessura in mezzo alle gambe della bambola estrasse i soldi e prese a contarli ad alta voce sotto i miei occhi. Mentre li contava, com'è ovvio giacché erano miei e me li ero guadagnati io, tesi la mano aperta per riaverli, la tesi e lì rimase vuota e sospesa perché lui non appena finita la conta, fissandomi dritto negli occhi con i suoi occhi rossi da coniglio feroce mi disse: «Per il momento è meglio che il custode sia io...» e senza aggiungere altro li fece sparire nella tasca posteriore dei pantaloni.

Davanti a quella sua affermazione tacqui, non obiettai niente un po' per il divieto che vigeva di fare domande e un po' perché in fondo della sua onestà ero più che certo. Infatti, se così non fosse stato, perché mai mi avrebbe raccolto e tratto in salvo mentre fuggivo nel piazzale polveroso e ampio?

E perché mai allora avrebbe perso tutto quel tempo per insegnarmi a essere uno stuntman perfetto?

In ogni caso, nei giorni seguenti riprendemmo i nostri allenamenti a pieno ritmo.

Dalla torre in campagna andammo nottetempo al mare e lì Spartaco, tenendomi con forza la testa sott'acqua, mi insegnò a vincere la paura dell'annegamento; poi, mentre correvo per la spiaggia mi colpì a sorpresa con dei ciottoli affinché imparassi a schivare i colpi dritti e potenti alle spalle e sulla fronte e ancora, nelle pause, ficcatimi sotto le unghie delle mani dei fiammiferi li accese per abituarmi a non temere in alcun modo il fuoco.

Superai egregiamente tutte queste prove e molte altre in una sola settimana poiché sapevo che di lì a poco avrei dovuto sostenere le prove per divenire uno stuntman degno dell'America. E infatti, allo scadere di quei sette giorni, durante un trasferimento in macchina Spartaco mi comunicò che gli allenamenti erano ormai finiti e che per saggiare ciò che ero riuscito ad apprendere presto mi avrebbe sottoposto a una sorta di esame.

Di quella prova, però, non mi disse né dove sarebbe avvenuta, né in cosa sarebbe consistita. Mi disse soltanto che il giorno seguente lui si sarebbe dovuto assentare e che avrei dovuto aspettarlo al deposito senza mai uscire. Nell'attesa della prova generale, passai il mio tempo dormicchiando ora su un pneumatico ora sull'altro, perso in ininterrotte fantasie sulla mia imminente partenza, fino al momento in cui Spartaco mi svegliò con fare brusco e mi ordinò di alzarmi e seguirlo perché era giunta l'ora in cui tutto si doveva compiere.

Allora mi alzai, mi infilai la giacca e assieme a lui salii sull'auto. Lungo il tragitto lui non disse una sola parola e guardandolo di sbieco, notai che aveva una faccia preoccupata e tesa come non gli avevo mai visto.

Comunque, arrivati nel centro della città parcheggiò in una strada priva di illuminazione e, tolti dal bagagliaio una borsa piena di attrezzi e dei sacchi di iuta, sempre in silenzio s'avviò verso un vicolo laterale. Con i passi leggeri di uno sciacallo gli andai dietro, lo seguii così finché, una decina di minuti dopo ci fermammo davanti all'ingresso di servizio di un palazzo che mi parve nobiliare. A quel punto, finalmente, parlando sottovoce, mi spiegò quale sarebbe stato il mio ruolo in quella prova: mi sarei dovuto inerpicare alle sue spalle allo stesso modo in cui mi arrampicavo sulla torre e, salendo, avrei dovuto controllare a destra e a manca che non succedesse niente di sospetto. Nel caso malaugurato che fosse successo qualcosa avrei dovuto lanciare forte nell'aria per due volte l'ululato di un cane. Se invece tutto filava liscio, nel momento stesso in cui lui fosse scomparso in un abbaino del tetto, avrei dovuto cominciare a camminare sulle tegole in direzione opposta finché c'erano tetti praticabili e, non appena raggiunto l'ultimo, avrei dovuto sedermi a ridosso di un camino e attendere un suo segnale che annunciava la fine dell'esercitazione.

Il suo segno, aggiunse poi armeggiando intorno alla porta, sarebbe stato qualcosa di simile al gorgheggio di un canarino. Queste furono le ultime parole che gli sentii dire quella sera.

Infatti, entrati nel cortile, agili e svelti come lucertole ci arrampicammo su per una grondaia laterale e, una volta sul tetto, secondo il piano stabilito, lui sparì in un abbaino mentre io proseguii carponi il mio percorso lungo i coppi.

Dopo una ventina di minuti di quell'andatura incerta mi trovai nelle condizioni di non poter più procedere oltre. Allora, ligio agli ordini, mi sedetti a fianco di un camino e, con lo sguardo rivolto verso l'alto mi misi ad attendere il richiamo di Spartaco.

Era agosto. Simili a palle infuocate una dopo l'altra dalla volta celeste si staccavano le stelle e cadevano come da sempre erano cadute, velocissime e senza mai giungere da nessuna parte. Osservandole mi chiesi se fosse vero ciò che avevo sentito dire un giorno: che lassù, nell'aria infinita, c'era un astro per ogni persona e che solo lui nel magma del suo cuore infuocato, con frasi apparentemente illeggibili, custodiva scritto l'evolversi del nostro destino.

4.

Spartaco, in realtà, quella notte non fece più ritorno. Attesi il suo segnale senza mai assopirmi finché salì in cielo Venere camuffata da stella e una luce tenue cominciò a irradiarsi sopra i palazzi.

A quel punto, infreddolito e stanco, posai la testa sul camino e sprofondai in un sonno profondo, privo di sogni. Proprio mentre dormivo, però, accadde ciò che ormai non mi aspettavo più che accadesse, cioè da qualche parte intorno chiaro e distinto si levò il gorgheggio di un canarino.

Allora, alzatomi di scatto, mi misi a correre meccanicamente nella direzione da cui era giunto e corsi senza ricordarmi che mi trovavo sulla sommità di un tetto fino al momento in cui, all'improvviso, sotto un piede non sentii più alcun appoggio e tutto il mio corpo si sbilanciò in avanti.

Tentai la salvezza buttando il peso indietro, annaspando con le mani alla ricerca di un appiglio, ma non servì a niente poiché in un secondo o meno sotto il peso le tegole cominciarono a cadere, a sdrucciolare verso il vuoto sottostante e io, subito o quasi, sdrucciolai con loro. Fendetti l'aria come la fendono tutte le cose, con una traiettoria rigida e implacabile e senza neppure un grido. La fendetti così ma per poco, per pochissimo perché appena due metri sotto di me si parò un balcone e, sbattendo sulla ringhiera prima i denti e poi le costole, vi planai sopra.

Credo che per un istante svenni o qualcosa del genere. Infatti, quando sentii dell'acqua fresca scorrermi sul volto e una voce maschile dire: «To' il cielo è sereno eppure piovono ragazzi!» non ebbi la minima idea di dove fossi e di cosa mi stesse succedendo intorno.

Solo quando l'uomo, dopo avermi sollevato per le ascelle, mi si presentò dicendo: «Piacere, sono il barone Aurelio, ereditiere» mi ricordai l'intero antefatto e, per stornare domande imbarazzanti lo guardai fieramente negli occhi e dissi che mi chiamavo Ruben e che anch'io, in qualche modo, appartenevo alla sua stessa categoria.

Fatte le presentazioni lui entrò in casa e mi invitò a seguirlo. Appena dentro, però, stordito dalla differenza di luminosità, mi fermai sulla porta e lì rimasi finché, con il lento adeguarsi delle pupille alla penombra non riuscii a scorgere una sedia nel mezzo della stanza e, raggiuntala, a peso morto mi lasciai cadere sopra.

Intanto, il barone, che in quell'ambiente quasi buio si muoveva con l'agilità di un gatto, si era avvicinato al frigorifero, l'aveva aperto e con la testa infilata tra gli scomparti mi aveva chiesto se avevo voglia di mangiare qualcosa, delle alici con l'olio, ad esempio, o se volevo bere della wodka.

Alla sua domanda, tirandomi su dritto sulla sedia avevo risposto, no grazie, che fame non avevo proprio perché in quei tre o quattro minuti l'appetito che avevo fin dalla sera precedente mi era passato del tutto. Infatti, nell'osservare l'appartamento in cui ero capitato, mi ero reso conto che era talmente disordinato e sporco che, più che sembrare la magione di un nobiluomo, sembrava il ricovero di un barbone e in base a ciò ero stato colto da una vaga inquietudine e dall'idea che la cosa più saggia da farsi sarebbe stata quella di andarsene il prima possibile e far ritorno al deposito pneumatici.

Così, detto fatto, giacché il barone stava ancora rovistando nel frigo e non poteva vedermi, piano piano e con movimenti quasi impercettibili cominciai ad alzarmi, e tendendo le mani nell'aria, mi mossi nella direzione in cui sospettavo esserci la porta d'ingresso.

E l'avevo quasi raggiunta, mi mancavano soltanto pochi centimetri per afferrare la maniglia, quando percepii sotto la mia scarpa qualcosa di estraneo, qualcosa a un tempo soffice e duro mentre dall'oscurità sottostante salì un ululato e un cane che digrignando i denti si parò tra me e la porta.

A quel frastuono il barone estrasse di colpo la testa dal frigo e gridando: «Mephisto! Ma cosa diavolo succede?!» con gli occhi di una fiera si guardò intorno e appena mi scorse nei pressi dell'uscita mi balzò addosso e, afferratomi con entrambe le mani per il collo, mi sbatté un'altra volta sulla sedia sgangherata. Poi, più calmo, bevendo a grandi sorsi della wodka da una scodella di porcellana si chinò su di me e con voce forzatamente melliflua disse: «Via, non te ne vorrai andare proprio adesso che stanno per arrivare le mie amiche?»

Disse così e io, seccato un po' e un po' impaurito,

mi disposi a rispondergli a tono che delle sue amiche non me ne importava proprio niente, che avevo
degli affari da assolvere ben più gravi e urgenti.
Stavo per dire questo ma non dissi niente poiché,
prima che manifestassi le mie intenzioni, qualcuno
cominciò ad armeggiare dietro la porta, la porta si
aprì e nel suo vano apparvero una donna ossuta e
magra con lunghi capelli corvini fluttuanti sulle
spalle e un botolo bianco e flaccido con la coda
ritorta a cavatappi.

Nel vedermi si fermarono entrambi; il botolo ulu-
lò in falsetto e la donna nervosa si passò una mano
tra le chiome. Allora il barone, inchinandosi cerimo-
niosamente ora verso di loro, ora verso di me, fece
le presentazioni, disse: «Domitilla...» e indicò la
donna, «Angelica» e indicò il cane, poi indicò me e
disse: «Sebastiano...»

Sentendo quel nome io saltai su pronto a dire che
il mio nome non era affatto quello. La donna però,
si fece avanti più svelta e, senza sorridere, con una
mano mi tastò le labbra e il volto, con l'altra mi
palpò le cosce e il ventre chiedendo al barone: «Il
nuovo garçon de chambre?»

Chi fosse quella donna enigmatica e altera di cui
a un tratto e senza volerlo ero divenuto il garçon de
chambre lo seppi nella tarda mattinata di quel giorno. Poco prima dell'ora di pranzo, infatti, lei uscì in
compagnia dei due cani e io rimasi solo a casa con
il suo compagno. Dopo aver tirato fuori da un cas-
sone un materassino da spiaggia, rosso da un lato e
blu dall'altro, e una pompa e dopo avermi comuni-
cato che quello d'ora in poi sarebbe stato il mio
letto, il barone si riempì una scodella di wodka e,

con quella in una mano, un vaso di alici sott'olio nell'altra, si sedette sulla sedia sgangherata nel mezzo della stanza. Da lì mentre gonfiavo il materassino cominciò a interrogarmi facendomi tutte quelle domande che si fanno a un ragazzo di cui non si sa niente.

Naturalmente fui molto cauto nel rispondergli. Gli dissi, sì, quanti anni avevo e come mi chiamavo, ma non gli raccontai che ero cresciuto in una grande villa da cui ero fuggito dopo aver commesso un crimine e tantomeno gli raccontai che ero in procinto di raggiungere un ricchissimo zio in America. C'era un non so che, in quell'uomo, che non mi ispirava alcuna fiducia. In ogni caso qualcosa la dovette capire lo stesso perché, nell'istante in cui chiudevo il materassino ormai gonfio, lui facendo scricchiolare le lische delle alici tra i denti, disse che era inutile che facessi il misterioso giacché era più che evidente, dalla divisa che portavo addosso, che ero un ragazzo fuggito dal riformatorio, un ladruncolo in cerca di fortuna o forse qualcosa di ancor peggio.

Comunque, aggiunse poi con un sorriso che mi parve falso, in quella casa non dovevo preoccuparmi di niente: né lui né Domitilla erano tipi da andare a rovistare negli affari degli altri. Se io fossi stato un garçon de chambre discreto e servizievole lì dentro non solo sarei stato al riparo da qualsiasi disgrazia, ma anche, molto probabilmente, avrei potuto assistere all'ascesa al trono della mia padrona. Domitilla infatti, sebbene sembrasse una donna uguale a mille altre, in realtà era una vera e propria regina. Nel sentire quelle parole non riuscii a trattenere il mio stupore e, accoccolatomi sul materassino, ripetei: «Una regina? E di cosa?»

Allora lui, vuotando d'un sol colpo e rumorosamente il contenuto della scodella in gola, mi raccontò per quale ragione Domitilla fosse di sangue reale. Si erano conosciuti alcuni anni addietro in una modesta pensione a Casablanca. Lui si trovava lì da un paio di settimane per sbrigare degli affari particolari quand'era giunta lei e aveva preso alloggio nella stanza accanto. Al registro degli ospiti si era fatta segnare come Ida, ma non appena, parlando dai balconi, avevano stretto amicizia lei lo aveva pregato di chiamarla Domitilla.

Era quello infatti, il nome con cui l'aveva chiamata, alcuni mesi prima, una zingara vedendola passare per la strada. Era accaduto tutto in una fredda sera d'inverno. Ida, cioè Domitilla, aveva appena chiuso la sua bottega di pedicure alla periferia della città e si stava avviando verso la fermata dell'autobus, quando, a un tratto, una zingara che procedeva sul marciapiede opposto, l'aveva raggiunta di corsa e gettandosi ai suoi piedi aveva gridato: «Domitilla, mia regina, finalmente sei tornata su questa terra!»

Aveva detto così e prima che Ida potesse riprendersi dalla meraviglia, la zingara, baciandole ripetutamente il bordo inferiore della pelliccia di lapin, le aveva svelato che fin da quel mattino, grazie alla consultazione dei tarocchi, aveva saputo che avrebbe incontrato la reincarnazione della famosa regina della notte e che proprio mentre, ormai certa di aver interpretato male le carte, stava tornando all'accampamento, l'aveva scorta incedere dall'altro lato della strada con fare superbo e ogni dubbio era scomparso dalla sua mente.

A quel punto, giacché le rivelazioni ulteriori che stava per farle erano estremamente gravi e importanti, la zingara le aveva chiesto in pegno il portafoglio con l'intero incasso della giornata e solo dopo averlo fatto sparire tra le sottane, aveva proseguito il suo racconto. Quella parte della vicenda, proseguì il barone alzandosi per raggiungere il frigo, naturalmente non me la poteva svelare. L'importante era solo che sapessi che, in un tempo presumibilmente breve, nel mondo sarebbero avvenuti dei capovolgimenti così profondi come non ne avvenivano dall'epoca del diluvio universale e che da quel disordine, peraltro momentaneo, sarebbe nato un ordine nuovo in cui avrebbe regnato soltanto chi, come Domitilla, aveva già aperto il terzo occhio. Dicendo questo il barone si trasferì dal frigorifero al materassino e fece una pausa.

Allora, desideroso di mostrarmi partecipe alla storia, gli chiesi dove e in che modo si potesse aprire quella terza pupilla di cui, fino a quel momento, non avevo sospettato l'esistenza. A quella domanda, però, non ricevetti risposta poiché nel frattempo il barone, seguendo i suoi pensieri, in modo sempre più confuso, aveva ripreso a narrarmi di come Domitilla, una volta conosciuta la sua vera identità, aveva venduto la sua bottega di pedicure e con i soldi ricavati, aveva cominciato a vagare per il mondo alla ricerca di informazioni sulla sua terza pupilla.

E infatti quando lui l'aveva incontrata a Casablanca lei aveva già appreso quasi tutto. Sapeva camminare per ore con gli occhi chiusi, e prevedere la grandine e la pioggia, sapeva scorgere senza voltarsi ciò che accadeva alle proprie spalle e leggere il futuro nei fondi di un bicchiere.

E proprio dai fondi di un caffè, mentre erano seduti in un bar di Casablanca, era stata messa al corrente che era giunto il momento di tornare nella città natale e lì, attendere che si compissero gli eventi. In quel periodo, però, non avrebbe dovuto riprendere la sua usuale occupazione di pedicure bensì farsi mantenere dall'uomo che le si trovava accanto e vivere già come una regina, cioè, senza occuparsi di niente dal mattino alla sera se non di mantenere integra la sua beltà splendente.

Detto questo, posandomi una mano sulla gamba, il barone borbottò ancora qualcosa sulla caduta di piogge di fuoco dal cielo, su un agnello che parlava con voce sovraumana e un'aquila che scendendo dalle nubi vomitava escrementi e di un monte altissimo su cui nessuno, se non gli eletti, sarebbe riuscito ad arrampicarsi e proseguì così, con un miscuglio di frasi incomprensibili fino ad addormentarsi russando, disteso al mio fianco.

Da quel giorno in poi cominciai a vivere in quella casa assieme al barone, a Domitilla e ai due cani; vi restai un po' per un vago timore della profezia e un po' perché essendo qualcosa di simile a un cameriere, ero quasi certo che alla fine del mese avrei ricevuto uno stipendio e, sempre che nel frattempo non fosse accaduto qualcosa, quei soldi mi avrebbero fatto molto comodo per fuggire in America.

Così, senza quasi avere il tempo di rendermene conto, in un paio d'ore abbandonai le spericolatezze degli stuntmen per l'agiato tran tran del garçon de chambre.

Il mattino generalmente i due dormivano fino a tardi e io, relegato tra la cucina e l'ingresso, ciondolavo senza alcuna occupazione. Nella prima settimana, a dire il vero, avevo provato anch'io a dormire fino a tardi, ma non c'ero riuscito perché il mio materassino era situato vicino alla cuccia di Angelica e Mephisto e già all'alba le due bestie cominciavano a lambirmi il volto con le loro lingue calde, ad assaltarmi uggiolando intorno. Facevano così, credo, convinti che fossi un cane come loro e allora, per non deluderli, avevo iniziato a fingere di esserlo, ad abbaiare, a grattarmi, e a correre in giro per la stanza.

Quei giochi scalmanati duravano finché Domitilla, paludata in una vestaglia dai colori sgargianti e con i capelli scarmigliati e sciolti, compariva sulla porta e battendo le mani gridava forte: «Sebastian! Le petit déjeuner!» A quelle parole, come se fossi stato sfiorato da un colpo di frusta, balzavo da terra, mi rassettavo la giubba e, dopo essermi infilato un grembiule al collo, raggiungevo i fornelli. Lì mentre con una mano svitavo la caffettiera, con l'altra preparavo un piattino di alici; contemporaneamente, con un piede aprivo lo sportello del frigo e vi ficcavo la testa dentro per uscirne, dopo un secondo o meno, con il cartone di latte tra i denti e ogni volta nell'attimo preciso in cui il cartone piombava sul vassoio, sentivo dal fondo della stanza la voce di Domitilla esclamare forte: «E allora, Sebastian, è pronto o no questo petit déjeuner?»

Così, più svelto ancora, dallo scolatoio prendevo quattro tazze, due per il caffè e due per la wodka, prendevo anche quelle con i denti, perché, nel frattempo, il caffè era uscito e l'avevo spento, anzi, lo stavo già versando. Lo versavo scottandomi, imprecando in silenzio e quando finalmente tutto era pronto, sollevavo il vassoio con due mani e trionfante mi dirigevo verso la loro camera.

Sulla soglia, però, a causa del buio pesto, mi fermavo indeciso, riprendendo ad avanzare soltanto quando riuscivo a scorgere nel caos circostante il corpo massiccio e nudo del barone.

Giunto alla sponda del letto mi arrestavo e, dopo essermi inchinato prima davanti alla regina e poi davanti al suo compagno, deponevo il petit déjeuner sulle gambe degli amanti. Ogni volta, però, a quel punto accadeva un fatto strano: appena sfilata la mano da sotto il vassoio, il barone, senza neppure aprire gli occhi, con la sua mano pelosa e tiepida, mi afferrava il braccio e bisbigliando: «Ma perché non ti distendi un po' qui a fianco?» faceva scorrere le sue dita dal mio polso al mio gomito, come se quello, anziché il mio arto fosse stato il ventre di una cavalla pregna.

Mentre mi tastava a quel modo pensavo solo che non c'era alcuna ragione perché mi distendessi tra quei due corpi seminudi e caldi; ero già vestito e pronto, sveglio da ore e, se proprio avessi voluto fare un pisolino, l'avrei fatto per conto mio ritirandomi sul materasso pneumatico. Allora, per liberarmi da quella situazione imbarazzante, indietreggiavo di un passo e dicevo svelto che era tardi e i due cani soffrivano talmente con i bisogni trattenuti in corpo che se entro breve non fossero usciti sarebbe scoppiata loro la vescica.

Il barone ascoltava la mia osservazione in silenzio, scrutandomi di traverso tra le folte ciglia; poi, di malavoglia estraeva da sotto il cuscino i due guinzagli e, per essere certo che non avrei tentato la fuga, con due lucchetti me li legava ai polsi.

La passeggiata, comunque, non durava più del tempo necessario ad assolvere i loro bisogni corporali. Al ritorno, infatti, Domitilla, avvolta in un vaporoso accappatoio da camera, ci attendeva impaziente sulla porta. In realtà attendeva me e non i due cani perché quella era l'ora degli impacchi di yogurt e di cetrioli sul viso ed ero proprio io, come garçon de chambre, che dovevo farglieli. Glieli facevo, dietro suo suggerimento, con una pennellessa da muro: lei, altera e silenziosa, si sedeva in poltrona e io le passavo il pennello grondante di yogurt sul viso, glielo spennellavo con due o tre colpi secchi e poi applicavo le strisce di cetriolo chiedendo: «Va bene qui? Più in là? Più in qua?»

Allora lei, sempre senza aprire bocca, spingeva la mia mano con la sua e mi indicava il luogo giusto dove deporle. Faceva così, credo, temendo che sul suo volto, come sulla superficie di un affresco, sotto i colpi neutri e impassibili del tempo, si aprissero delle crepe irreparabili prima del compiersi dell'evento. Finita l'operazione delle cucurbitacee, comunque, non potevo ancora alzarmi e ritirarmi nella cuccia perché lei, con solennità regale, mi posava il piede tra le gambe, me lo posava lì simile a un pesce agonizzante su una spiaggia e subito con spazzole e lime, dovevo iniziare a squamarlo.

La prima volta, chino in divisa su quelle delicate estremità, avevo immaginato di essere un attendente intento a lustrare gli stivali del suo capitano. Fu una fantasia di breve durata, però, perché già al terzo giorno, mentre con gesti gentili e cauti, toglievo dalle unghie gli strati più cornei, Domitilla, ancora accecata dai cetrioli, brancolando con le mani davanti a sé nell'aria, intrecciò le sue dita dietro il mio collo e anziché tenerle salde in un punto, prese a farle scorrere avanti e indietro come se stesse saggiando la finezza di un broccato.

All'inizio, naturalmente, pensai solo che doveva trattarsi di un gesto involontario, di un modo per non sbilanciarsi sulla sedia o qualcosa del genere e solo quando, inclinando il capo da una parte e dall'altra mi accorsi che non mollava la presa neppure per un secondo, mi fu chiaro che un attendente non ero proprio. Tutt'a un tratto, cominciai a non vedere più niente, a non sentire più niente: vedevo solo, in quei minuti, la candida forma oblunga posata tra i miei palmi, tra le mie mani che non erano più le mie mani ma il corpo intero poiché tutti i miei sensi si erano trasferiti lì, nel punto di contatto delle nostre epidermidi.

Restavamo così, immobili e in silenzio, fino al momento in cui suonava una sveglia, da lei precedentemente caricata, per avvertirci che il tempo delle cure di bellezza era giunto al termine. A quel trillo mi alzavo lesto e, a una a una, con gesti delicati, le toglievo le fettine di cetriolo dal volto e dagli occhi, e lei, come le fanciulle delle fiabe, sbattendo piano piano le lunghe ciglia nere fingeva di svegliarsi da quella specie di letargo.

Purtroppo, però, il principe artefice della magia non dovevo essere io perché, in luogo di mormorare stucchevoli frasi d'amore, la regina con occhi di brace e voce tonante mi gridava in faccia: «Sebastian, il pranzo!» A quel punto schizzavo in cucina tra i fornelli e il frigo. Lì, sul tavolo affettavo la cipolla, la gettavo nell'olio, l'olio era in un tegame, il tegame sul fuoco, tramenandola con un mestolo la facevo imbiondire e, mentre la cipolla diveniva via via più bionda, sul fondo di quella padella, non vedevo altro che un'orata, una sogliola, insomma, il suo regale piedino quasi d'avorio.

Continuavo tra spruzzi e vapori per quasi un'ora e quando, alla fine, era tutto pronto, con indosso un grembiule bianco, servivo il pranzo. Il tavolo, in realtà, era un tavolino così piccolo che poteva ospitare due sole persone e dunque, con la ciotola in mano, dovevo mangiare seduto sul materassino pneumatico.

Contrariamente a quanto si potrebbe credere, anche se Angelica e Mephisto mi sottraevano dal piatto metà del cibo, mi andava benissimo di mangiare a quel modo perché da lì, con calma, potevo osservare tutto il magnifico panorama dei piedi e delle gambe. Terminato il pranzo il barone Aurelio, portando con sé le alici e la wodka, con passo pesante si ritirava nella stanza per schiacciare un pisolino mentre Domitilla, non appena avevo sgombrato dalle stoviglie il tavolo, rimaneva immobile e in silenzio per ore a consultare un mazzo di carte colorate.

Nel frattempo anziché poltrire, passandole discretamente accanto, mi dedicavo alle pulizie generali, rassettavo la cucina e il bagno, lavavo gli abbaini, spazzavo il pavimento dell'ingresso e, spazzatolo, mi rifacevo il letto, cioè sgonfiavo e rigonfiavo il mate-rassino pneumatico. Alla fine dei miei lavori era già quasi scesa la sera, le vesciche di Angelica e Mephi-sto erano di nuovo colme e li dovevo portare fuori un'altra volta per una breve passeggiata.

La cena, com'è ovvio, la servivo allo stesso tavolo del pranzo e, come a pranzo, mangiavo a terra assie-me ai due cani spaziando con lo sguardo dall'amato alluce all'adorato polpaccio. Proprio durante quelle cene, però, all'incirca due settimane dopo il mio arrivo, accadde un fatto strano, ebbi l'impressione, cioè, che mentre i miei occhi si posavano discreti sui piedi della donna, quelli dell'uomo, puntati su di me, con mosse segrete mi togliessero gli abiti di dosso.

Quelle traiettorie di sguardi silenti e inesplosi ces-savano nell'istante stesso in cui loro due, sazi, allon-tanavano da sé il piatto e io mi alzavo dal materas-sino per sparecchiare. Poi, quando già in cucina facevo sparire il vasellame nell'acqua insaponata, loro sul tavolo sgombro iniziavano a giocare a scac-chi. Giocavano così ogni sera per aiutare il chilo a trasformarsi in chimo; stando seduti uno di fronte all'altro, senza sorridere né guardarsi negli occhi muovevano i cavalli e le regine, gli alfieri e le torri, li muovevano dicendo dopo o durante il gesto: «Gambetto! Scaccodoppio! Scaccorocco!» e conti-nuavano a quel modo finché il barone esclamava: «Scaccomatto!»

Allora Domitilla, dopo aver esclamato qualcosa di tremendo in una lingua incomprensibile, batteva il pugno sul tavolo come per polverizzare una blatta o un tafano e le pedine, per la scossa, ruzzolavano al suolo. A quel punto balzavo fuori dalla cucina per raccoglierle e, in ginocchio sul pavimento, contemplavo per un'ultima volta quella magnifica visione di tarsi e metatarsi.

Quando avevo deposto tutte le pedine nella scatola loro si alzavano e, ostili uno all'altro, tornavano nella loro stanza lasciandomi lì solo con in mano la scacchiera.

Soltanto nel momento in cui, oltre la porta, non si sentiva più alcun rumore mi ritiravo anch'io sul materasso. Da lì, prima di addormentarmi, scrutavo a lungo il riquadro più chiaro dell'abbaino perché in fondo non mi ero ancora convinto del tutto che Spartaco se ne fosse andato per sempre con i miei soldi.

Ma invece della sua sagoma o della pioggia di fuoco preannunziata dal barone, in tutte quelle sere, nel lembo di cielo che mi era concesso vidi soltanto sfrecciare le silhouettes luminose degli aeroplani. Passavano lampeggiando come festoni, come luci dell'albero di Natale; passavano senza mai cadere, con una traiettoria da parte a parte, piatta.

Trascorsi sessanta giorni in quella casa e poi altri trenta adempiendo ai miei doveri di garçon de chambre, senza mai scorgere neppure un segno a conferma dell'imminente rivolgimento dell'ordine universale. Il barone, in tutto quel tempo, non parlò più del grande avvento e neanche Domitilla, la futura regina assorta sempre tra la divinazione e le cure di bellezza, aprì mai bocca su quell'argomento.

In ogni caso non fu per quel fatto che, allo scadere del terzo mese, cominciai a sentirmi vagamente inquieto ma perché, fin da quando avevo preso servizio, non c'era mai stato da parte loro il minimo accenno a un eventuale stipendio. Di parlarne per primo, però, non mi sognavo proprio. Ero quasi certo, infatti, che i due, scambiando la mia richiesta per arroganza, in men che non si dica mi avrebbero fatto varcare la porta dell'appartamento con le mani vuote e a suon di pugni e calci.

Davanti a quella prospettiva decisi che, per trarre vantaggio almeno da quella vicenda, sarebbe stato meglio agire con le mosse furtive e caute di una volpe e decisi anche che, per agire, avrei atteso che giungesse il centesimo giorno. La perfezione di quella, cifra, infatti, mi pareva il miglior auspicio affinché gli eventi si svolgessero senza alcun intoppo.

Il piano, comunque, l'avevo pronto in testa fin da quando avevo scoperto che Aurelio e Domitilla tenevano i risparmi nella loro stanza, chiusi in una scatoletta di sardine nel terzo cassetto del canterano. La prima mossa da farsi, dunque, sarebbe stata quella di scivolare silenziosamente là dentro durante il loro sonnellino pomeridiano. Una volta lì, con degli stracci di flanella avvolti intorno alle scarpe, avrei raggiunto il canterano, e tirando piano il pomello avrei aperto il cassetto, avrei estratto la scatola di alici e dalla scatola i soldi infilando subito dopo, al loro posto, dei foglietti di carta colorata.

A dire il vero, sarebbe stato più svelto e meno rischioso afferrare direttamente l'intera scatola e fuggire con quella in tasca ma, se per caso, uno dei due avesse aperto il cassetto prima che fossi fuori per sempre dall'appartamento e si fosse accorto della scomparsa molto probabilmente avrei fatto una fine ben peggiore che un volo a capofitto nella tromba delle scale.

Invece così, grazie a quella raffinata astuzia, al termine del sonno pomeridiano, come sempre, avrei condotto Angelica e Mephisto a spasso, portando con me di nascosto oltre ai soldi e a loro anche un paio di cesoie; poi, non appena giunti in una zona d'ombra, dietro un arco o nel vano di un portone, con un colpo secco avrei reciso i due guinzagli dai polsi e in un batter d'occhio, io da una parte, i cani dall'altra ce la saremmo dati a gambe.

Non so Angelica e Mephisto cosa mai avrebbero fatto dopo la fuga, ma so che io sarei saltato sul primo taxi e, coprendomi il volto con una mano, avrei gridato forte: «All'aeroporto!» In che modo una volta lì sarei riuscito a ingannare i controlli della polizia, se con un falso nome o intrufolandomi di nascosto nel bagagliaio di qualcuno, era un problema che avevo deciso di risolvere in un secondo tempo.

Tutte queste cose avrei fatto il centesimo giorno e non solo queste. Prima di partire, infatti, avevo deciso anche di togliermi dalla testa il piede della donna e che me lo sarei tolto possedendolo. Mentre Domitilla giaceva sulla sedia accecata dalle cucurbitacee avrei percorso con le labbra lemme lemme l'intero tragitto dall'alluce al calcagno, avrei lambito la pianta e il dorso e poi, forse, rapito da un'improvvisa ispirazione da lì sarei salito fino al ginocchio. Lei, ne ero certo, avrebbe finto di scambiare la mia lingua e le mie labbra per un nuovo tipo di pomice o di spazzola, avrebbe finto lei e avrei finto anch'io, l'avrei leccata così, fissando con un occhio la caviglia, con l'altro l'orologio sulla mensola, interrompendomi appena un secondo prima che suonasse l'allarme. Al trillo, poi, impassibile come nei novantanove giorni precedenti, dagli occhi e dal volto le avrei sfilato l'impacco e lei, altrettanto impassibile sul mio viso avrebbe posato i suoi occhi da principessa del letargo.

Avrei fatto tutte queste cose il centesimo giorno, sarei stato un leone quel giorno, lo sarei stato davvero se prima del centesimo giorno non fosse giunto il novantanovesimo.

Al novantanovesimo giorno, infatti, Domitilla contrariamente al solito uscì di casa di buonora per recarsi al mercato a cercare nuove stoffe per i suoi abiti e, appena fu uscita, essendo stato esentato almeno per quel mattino dall'incombenza del pedicure e dello yogurt, già vestito e pronto mi distesi un'altra volta sul materassino pneumatico. Lì, invece di dormire, a pancia in giù e con le mani raccolte sotto il mento, mi concentrai sui problemi che ancora mi rimanevano da risolvere affinché la mia fuga in America filasse liscia come l'olio.

Non so quanto tempo rimasi in quella posizione inseguendo tutte le ipotesi possibili, non so quanto tempo stetti disteso ma so che, proprio mentre ero perso alla ricerca di un eventuale travestimento per passare indenne tutti i controlli di polizia, all'improvviso udii schiudersi la porta della stanza del barone e, dopo un minuto o meno, percepii tra me il materassino e il muro, stagliarsi la sua massiccia figura. Quando fui certo dal respiro affannoso e pesante che fosse davvero sopra di me, anziché aprire gli occhi, restai immobile con la testa adagiata sulle mani, simulando un sonno profondo. Non servì a niente perché subito sentii il suo sguardo da cecchino guercio perforarmi da una parte all'altra con un'intensità tale che, per un'attimo, ebbi addirittura l'impressione che stesse per sparare, che stesse prendendo la mira e sollevando il grilletto e il cane e infatti sparò davvero, ma invece di essere colpito da una rosa di pallini fui colpito dalle sue stesse mani che con tutte le dieci dita aperte si posarono sulla metà esatta del mio corpo.

Atterrate lì, restarono per qualche secondo immobili e io pensai che forse il barone voleva controllare solo se fossi sveglio oppure, peggio ancora, se conservassi celato addosso qualche oggetto sottratto dai suoi cassetti. E infatti, di lì a poco, con le mani tremanti prese a palparmi tutto il corpo, andò avanti e indietro, fermandosi ogni tanto, e io sotto quel lento-svelto scivolare dai malleoli al collo, a un tratto non riuscii più a star fermo. Prima, anche se non avevo affatto freddo, mi venne la pelle d'oca, poi cominciai a tremare piano, con vibrazioni che da moderate si fecero via via più intense e frequenti, talmente lunghe e intense e frequenti che in ancor meno di dieci minuti il mio corpo intero prese a sussultare come un diapason percosso. A quel punto, il barone, afferratimi i capelli della nuca, gridò: «Sveglia bugiardo!» gridò così e mi torse il capo e, mentre me lo torceva, io spalancai gli occhi e vidi subito sopra di me Aurelio con il busto nudo, appesantito e flaccido, coperto intorno ai capezzoli da una selva di peli biancastri.

Davanti a quella goffa immagine quasi scoppiai a ridere, stetti per ridere in quell'istante e risi proprio quando, scendendo con lo sguardo, mi accorsi che arricciato in vita portava un gonnellino fatto di borchie e di strisce di cuoio e ai piedi dei calzari che con volute di pelle gli si avviticchiavano dalla caviglia fino al ginocchio. Di quel neocuriazio risi come una iena che disperde il suo guaito in un boschetto di acacie, risi da solo e anche per poco perché, subito, mi strappò dal materassino pneumatico e appena fui in piedi di fronte a lui, senza guardarmi negli occhi, esclamò: «Non crederai di poltrire proprio questa mattina che dobbiamo fare i tableaux vivants?!»

Udita quella frase io mi irrigidii perplesso. Infatti non avevo nemmeno la più vaga idea di cosa volesse dire. Non avevo la minima idea e neppure riuscii a farmela poiché mentre mi stavo scervellando per trovare una spiegazione, lui mi aveva già sbottonato la giubba e, dicendo: «Oggi facciamo il tableau di Sebastiano e i centurioni» me l'aveva anche già sfilata di dosso.

Detto questo mi spiegò sommariamente come si sarebbe svolta la storia che dovevamo interpretare, mi spiegò, insomma, che io sarei dovuto fuggire e lui mi avrebbe inseguito con l'ausilio di due leoni, che i leoni erano i due cani, e io non dovevo pensare ad altro che a nascondermi nelle stanze mentre a tutto il resto avrebbe pensato lui che era il centurione pagano.

Poi si coprì gli occhi con un braccio flesso e muovendo la bocca e i baffi mormorò: «Adesso conto fino a dieci e tu sparisci...» Già prima del cinque ero sparito davvero, mi ero rintanato nella loro stanza nell'enorme armadio del guardaroba di Domitilla. Lì, nascosto tra le guêpières e le vestaglie, pensai, per un istante, che quel gioco sebbene somigliasse in qualche modo al nascondino, era un gioco strano, strano davvero.

La porta, comunque, si spalancò dopo un minuto o meno, non era difficile scovarmi in quei pochi metri, si spalancò e, appena aperta, il barone mi afferrò per il collo e mi tirò fuori gridando: «Cedi?»

E giacché non cedetti proprio subito mi sfilò la camicia, perché nei patti c'era anche questo, che a ogni cattura uno dopo l'altro avrei perso i miei indumenti.

Tra armadi e ripostigli proseguimmo la caccia per l'intera mattina, finché esauriti i nascondigli, con il cuore che mi pulsava in gola e nelle tempie, mi trovai nudo e sudato nel bel mezzo della stanza. A quel punto il barone, vedendomi palpitante e lucido come un batrace, osservò che sarebbe stato meglio se mi fossi fatto un bagno e, senza aggiungere altro, si ritirò nella sua camera. Rimasto solo mi diressi verso il bagno e, una volta lì, riempii la vasca d'acqua fino all'orlo e mi ci infilai dentro.

In breve scivolai nello stato intermedio tra la veglia e il sonno e quasi per certo mi sarei addormentato se di lì a poco sulla porta del bagno non fosse ricomparso il barone. Comparve e, senza dire niente si avvicinò al bordo della vasca; teneva in mano strette decine e decine di violaciocche, le tenne fino a che mi fu accanto, sopra. Allora e solo allora, allargando le dita le lasciò cadere, caddero a una a una o a mucchietti sparsi e mentre lui le guardava cadere in basso, io le guardavo posarsi sul mio torso, sulle mie gambe, sull'inguine, nell'incavo dei gomiti e del ventre, sui miei polsi.

Quando tutte furono planate sulla mia pelle e sulla superficie dell'acqua, il barone, afferratomi per le ascelle mi estrasse dalla vasca e, lasciando al suolo una lunga fila di viole fradice, mi trasportò nella sua stanza. Giunti davanti allo specchio dell'armadio mi posò a terra e si inginocchiò ai miei piedi e mentre io stavo lì, immacolato, nudo, coperto di fiori, lui, partendo dai miei piedi con la lingua cominciò a raccogliere le viole, le raccolse a una a una lungo il percorso dalle caviglie all'inguine e dall'inguine su su al petto incavo e scarno.

Naturalmente, durante tutta l'operazione io non chiesi nulla, perché non c'era nulla da chiedere, poiché era evidente che quella altro non era se non la fine della storia di Sebastiano e il centurione. Nudo davanti allo specchio pensavo questo. Il barone, nudo anche, non sapevo a cosa stesse pensando, non lo sapevo ma comunque doveva essere qualcosa di intenso perché quando si schiuse la porta della soffitta non sentì nulla, non si accorse affatto che era entrato qualcuno, e non si accorse neppure dei passi svelti che si avvicinavano alla stanza. Se ne' accorse appena quando Domitilla spalancò la porta e comparve nel suo vano stringendo tra le dita delle viole fradice, quando comparve e disse: «Ah!»

5.

Con addosso i soli abiti che ero riuscito ad afferrare nel parapiglia della fuga, dei calzoni corti e una maglietta del barone, mi trovai a correre nella strada sottostante il palazzo. Corsi per un po', poi, per non attirare gli sguardi, rallentai il passo, camminai con indifferenza, fischiettando e con le mani in tasca, fino a giungere alla fermata di un autobus. L'autobus arrivò in quello stesso momento, aprì le porte e io, per allontanarmi il prima possibile da quei paraggi, senza neppure l'ombra di un progetto in mente, vi salii sopra. Una volta preso posto, affranto dallo spavento e dalla corsa, caddi in una specie di angoscioso dormiveglia. Mi svegliai soltanto quando il mezzo al capolinea si fermò e spense il motore.

Appena sceso, dal gran numero di ville con giardino, mi resi conto che mi trovavo in un quartiere residenziale del suburbio e intuii anche, dalla brezza che vi spirava salmastra e fresca, che il mare non doveva essere molto distante.

Non avendo una meta precisa, per riflettere sul da farsi e prendere tempo me ne andai per un po' a zonzo per i viali e vialetti, girovagai così, camminando lento, fino al momento in cui la calura fu così forte che iniziò a tagliarmi le gambe.

Allora la mia meta divenne una zona d'ombra dove sdraiarmi e sbirciando a destra e a manca dopo mezz'ora o meno riuscii anche a trovarla. Trovai un cancello accostato e, dietro quel cancello, un giardino ombroso in mezzo al quale stava una villa che pareva abbandonata da un gran numero di anni.

In ogni caso, per sicurezza, prima mi guardai con circospezione intorno: poi, visto che non c'era anima viva nel raggio di un chilometro, spinsi delicatamente il cancello e scivolai dentro. Lì però, invece di sdraiarmi quieto sotto le prime fronde, roso forse da una segreta nostalgia, mi misi alla ricerca di una gloriette o di un tiglio. E infatti, pur non trovando il tiglio, sul retro della casa mi imbattei in una gloriette di metallo bianco ricoperto di glicini, una gloriette uguale identica a quella che era stata mia. Nel momento stesso in cui stavo per varcarne la soglia, mi imbattei in un'anziana donna che ne stava uscendo. Nel vederla feci un brusco salto indietro mentre lei, vedendomi batté subito le mani e con voce gioiosa esclamò: «Ah! Finalmente! Cominciavo a temere che non sarebbe più venuto!»

Allora, giacché ormai ero in ballo e stenderla con un pugno e darmela a gambe sarebbe stata la soluzione peggiore, senza capire dove fossi finito, mi inchinai leggermente in avanti e, con un sorriso smagliante le porsi la mano e dissi: «Meglio tardi che mai...» La mossa effettivamente funzionò perché la donna, dopo aver annuito con un cenno gentile del capo, mi fece strada fino all'ingresso della villa.

L'anziana signora, come appresi da lei poco dopo seduto davanti a una caraffa di thé ghiacciato, si chiamava Margy ed era inglese. Era nata a Flowseugh, un piccolo villaggio della costa orientale situato esattamente a metà strada tra Loch of Strathberg e Loch of Kinnordy, ma abitava lì, in quella villa, fin da quando, ancora giovane, si era sposata con un italiano. Suo marito era stato un pasticciere. Era stato, disse, poiché già da sei mesi se ne era andato, l'aveva lasciata per raggiungere, con un volo discreto e silente, la compagnia degli angeli e dei cherubini. Prima di incontrarlo lei aveva amato solo i dolci ed era stato un grande amore infelice perché in Inghilterra, nonostante fosse il paese più bello del mondo, facevano dei pessimi dolci.

Così, pervasa sempre da un'insoddisfazione sottile quando, entrando nella cucina del ristorante per il quale entrambi lavoravano, aveva scorto per la prima volta il suo futuro marito spenzolarsi da una scala con dei canditi in mano su una torta gigante. Aveva subito compreso che quello e solo quello sarebbe stato l'uomo della sua vita. Probabilmente, se l'avesse incontrato alla fermata della metropolitana a Londra o sulla panchina di un parco, di lui non si sarebbe neppure accorta dato che, in fondo, altro non era che un italiano uguale a mille altri. Ma vedendolo così, in bilico su quell'iceberg di panna e marrons glacés, su quel massiccio dal cuore di chantilly e pan di Spagna, le era parso immediatamente l'unico e il più bell'uomo del mondo.

Insomma, il suo era stato un colpo di fulmine; e quel fulmine, cadendo, aveva colpito entrambi poiché anche Ettore, questo era il nome del pasticciere, fino a quell'istante non aveva mai incontrato una donna che odorasse a quel modo di torrone e di mandorlato, che avesse i denti come confetti di Sulmona e la pelle così vellutata e soffice da parere una mousse di zabaione.

Si erano sposati la settimana seguente e già il giorno dopo le nozze avevano lasciato Flowseugh alla volta del paese d'origine del marito. Appena giunti lì si erano stabiliti in quella casa nel cui salotto ora io e lei ci trovavamo seduti ed Ettore, dando fondo a tutti i risparmi, aveva acquistato un piccolo laboratorio di pasticceria nel centro della città. I primi anni aveva lavorato notte e giorno sfornando ininterrottamente centinaia di cannoli, file di croccanti, bignè, babà e bavaresi di ogni forma e dimensione. E mentre lui, destreggiandosi tra stampi e forni preparava magnifici dolci, lei che come tutte le inglesi, era un'amante anche dei fiori e delle piante, trascorreva il suo tempo lavorando in giardino, vangando, sarchiando, strappando tutte le erbe più matte.

Ogni sera, Ettore usava tornare a casa con in mano un piccolo vassoio di babà e cannoli e, tra quei babà e quei cannoli, spesso c'era anche un dolce nuovo di sua invenzione. E quel dolce, per quanto sempre diverso per forma e ingredienti, anziché chiamarsi arpeggio di mandorle o delizia di lamponi, si chiamava Margy, perché non c'era una sola volta in cui, nell'impastare una frolla o nel tramenare una crema di marroni non gli fosse venuta in mente proprio lei, una parte del suo corpo oppure un'espressione del volto.

Lei, comunque, non era da meno. Ogni sera, infatti, quando dal vago profumo di alchermes e di vaniglia comprendeva che Ettore stava per arrivare a casa, con le cesoie in mano correva a recidere per lui il fiore più bello del giardino, un fiore con impressa sui petali la stessa sfumatura che avevano avuto quel giorno i suoi pensieri o le nubi perse lassù nel cielo.

Insomma, avevano trascorso insieme una vita senza sfarzi ma serena, una vita solo apparentemente monotona. Non c'era alcun segreto in quella prolungata felicità, l'unico segreto, ma era un segreto palese, era che più di ogni altra cosa avevano amato la pasticceria e il giardinaggio, che si erano presi cura delle forme dei bignè e delle dalie come di loro stessi.

Purtroppo, disse a quel punto Margy smorzando per un istante il suo ceruleo sguardo, Ettore ormai non c'era più; se ne era andato, grazie a Dio, con la stessa discreta eleganza con cui era vissuto, stroncato da un ictus cerebrale proprio nel momento in cui, in bilico sull'ultimo gradino di una scala, stava guarnendo con ciliegine e canditi la torta nuziale della figlia del sindaco. Era caduto, almeno così dicevano gli aiuto pasticcieri, senza lanciare neppure un grido, in silenzio, con le braccia aperte come un angelo e quasi per certo, se non fosse stato per la crema e il pan di Spagna che all'impatto con il suo corpo erano schizzati sulle parti intorno, nessuno di loro se ne sarebbe mai accorto.

Dopo il fatto, naturalmente, c'era stata un'inchiesta. C'erano sempre delle inchieste quando non si moriva nel proprio letto, per stabilire se davvero la causa di quel volo fosse stato un improvviso malessere e non, piuttosto, la subdola invidia di qualche pasticciere meno abile. Poi, nonostante l'esito di quella prima inchiesta fosse stato negativo, immediatamente dopo ne avevano aperta un'altra, per giudicare se il capo degli aiutanti fosse o meno colpevole. Infatti, non appena Ettore era scomparso in quel monte di panna, lui anziché fendere la torta a badilate per tirarlo fuori, era salito sulla scala e da lì, assieme ai suoi colleghi, per due minuti interi, aveva contemplato la meravigliosa perfezione di quell'impronta.

Il caso fu archiviato solo quando, da un'analisi meticolosa, risultò che né nella trachea, né nei bronchi erano presenti briciole o canditi responsabili di un tardivo soffocamento e che perciò Ettore era già morto prima di perforare a uno a uno gli strati della torta. Se ne era andato, dunque, solo e soltanto perché era giunto al termine del suo cammino e lei, di quella cosa, seppur compresa nel dolore del distacco, era felice, felice davvero poiché era certa che suo marito, negli ultimi sprazzi di coscienza, vedendo avvicinarsi la superficie di panna aveva gioito per quella fine, non per la fine in sé ma per il modo in cui, come un magico cerchio, chiudeva l'armonia della sua vita.

Infatti, oh sì, di questo era sicura più ancora che dell'esistenza delle sue rose, non c'era castigo peggiore che morire fuori posto, in un posto che non era il proprio. Se Ettore, ad esempio, se ne fosse andato in una stazione di servizio vedendo allontanarsi il tubo di scappamento di un camion con rimorchio, quasi per certo non avrebbe trovato la pace eterna. Lei, comunque, nei mesi successivi al suo abbandono, aveva avuto dei momenti di sconforto, anzi, quello sconforto era stato così grande che per mesi interi aveva trascurato il giardino e ogni sera, come un vecchio asino era corsa al cancello stringendo in mano un fiore con la stessa sfumatura delle nubi.

Soltanto in un mattino della primavera seguente, nell'aprire le imposte si era accorta che il suo magnifico tappeto erboso si era mutato in una tundra di erbe matte e di gallerie di talpe e, accorgendosene, tutt'a un tratto, aveva compreso che l'unico modo per mantenere vivo il ricordo del marito, sarebbe stato quello di aver cura del giardino altrettanto e di più di ciò che accadeva tra la testa e il cuore.

Proprio nelle ultime settimane, però, piano piano, con l'insistenza e la leggerezza di un tarlo, che prima con i suoi morsi intacca la superficie e poi, via via, procede verso l'interno, le si era insinuato in testa il sospetto che di lì a poco anche lei se ne sarebbe andata da quella terra. Non è che si sentisse male, al contrario, si sentiva in ottima forma; a farle credere questo erano stati solo dei piccoli segnali, presentimenti un po' simili a quelli che provava una rosa quando, dopo la pioggia, percepisce il lento sopraggiungere del mal bianco.

Per questa ragione aveva deciso di tornare a Flowseugh, doveva tornarci prima di andarsene per sempre a sistemare alcuni affari di famiglia. Lassù sarebbe rimasta appena un paio di mesi poiché voleva morire a casa sua cogliendo il più bel fiore del giardino. Da lì, con quel fiore in mano sarebbe salita su, su oltre i cumuli e gli alti strati. Sarebbe salita e salita ancora fino a raggiungere quel luogo lontanissimo ed etereo dove tutte le persone che erano state unite in vita, dopo la vita si ricongiungevano per sempre. Il fiore, naturalmente, non sarebbe stato altro che un segno di riconoscimento, era necessario un segnale in quella gran confusione di ombre, altrimenti, non avendo né la bocca per chiamare, né le braccia per sbracciarsi, lei ed Ettore avrebbero corso il rischio di passare tutta l'eternità uno accanto all'altra, sfiorandosi, senza riconoscersi.

Così, invece, con quei petali stretti nella trasparenza delle dita, appena percepito nell'aria l'effluvio di alchermes e di vaniglia lei subito si sarebbe mossa nella direzione da cui proveniva ed Ettore, vedendo quel fiore venirgli incontro, in un secondo o meno avrebbe compreso che era proprio lei, Margy, il suo adorato pasticcino e di corsa l'avrebbe raggiunta e, da quell'istante fino alle trombe del giudizio universale, sarebbero rimasti uno vicino all'altra senza mai lasciarsi.

Dopo queste parole Margy per un attimo abbassò le rosee palpebre e si torse nervosamente le mani raccolte in grembo. Allora io, che seduto di fronte a lei avevo ascoltato con attenzione tutta la storia, pensai che di lì a un minuto avrei dato un finto colpo di tosse e, appena scostata la mano dalla bocca, mi sarei alzato, l'avrei ringraziata per la bella storia e me ne sarei andato. Pensai questo ma, proprio quando mi stavo concentrando su un vago prurito della trachea, lei tossicchiò al posto mio, aprì gli occhi, fece un sospiro e alla fine di questo disse: «Dunque, come ci eravamo accordati telefonicamente, lei durante la mia assenza avrà cura del giardino, si occuperà di difenderlo dai parassiti e dagli invasori, di potare al momento giusto rose e cespugli, di sarchiarlo, vangarlo, innaffiarlo in modo tale che, al mio ritorno, lo trovi nelle esatte condizioni in cui l'ho lasciato, senza neppure uno stelo fuori posto.»

Chiarito lo scopo della mia presenza mi chiese ancora quale fosse il mio compenso, se volevo un forfait o un pagamento a ore e io, dopo una pausa di silenzio, facendo cigolare la poltrona, le dissi che per me sarebbe stata una vera gioia fare quel lavoro poiché anch'io, come lei e come il povero Ettore, seppur in modo diverso, miravo al compiersi perfetto dell'arco di parabola della mia esistenza e che, proprio per questa ragione, al suo ritorno non le avrei chiesto dei soldi ma un biglietto aereo per raggiungere l'America.

Davanti a quella mia richiesta lei, con aria perplessa, raccolse le mani sotto il mento e stette così per cinque o sei minuti. Quando già temevo che, credendomi un impostore, avrebbe chiamato la polizia, tirò un sospiro più profondo del primo e disse che era una ben strana richiesta di pagamento ma che per lei andava bene lo stesso. Dopo l'accordo, facemmo insieme il giro del giardino affinché io imparassi dov'erano le stufe e gli attrezzi e prendessi nota delle diverse esigenze di ogni tipo di pianta e di arbusto.

La sera stessa, portando con sé due bauli e sei cappelliere, Margy montò su un taxi e partì lasciandomi solo in calzoni corti e canottiera nel bel mezzo del giardino.

Che io fossi un giardiniere naturalmente non era vero, però quasi lo sapevo fare poiché spesso, da bambino, disteso sotto i tigli o prono nella buca, avevo seguito con lo sguardo il nostro giardiniere osservando per giorni interi i suoi movimenti pacati e lenti. In quel modo avevo appreso che un giardino, ancor prima di essere un crepitio di tinte e di fragranze in cui perdersi con gli occhi e con l'olfatto, era soprattutto un campo dove si combatteva un'interminabile battaglia contro i maggiolini e le cocciniglie, contro i grillotalpa. Una guerra implacabile, senza soste ed esclusioni di colpi il cui oggetto di contesa erano proprio i fiori e le piante, il loro crescere rigogliosi e forti. Oltre a questo principio fondamentale, avevo appreso un'infinità di altre cose: a fare lo scasso perfetto e l'impamacciatura con paglia o cartone asfaltato, a seminare e a raccogliere nel momento più propizio, a fare gli innesti a spacco tagliato o doppio, avevo appreso questo e anche a usare con una mano sola la roncola e lo svettatoio.

Insomma, senza fare niente ero divenuto un giardiniere quasi perfetto, ed era stato proprio questo il motivo per cui, nell'accettare l'incarico, non avevo avuto nessuna esitazione.

Immerso in queste riflessioni, camminando sul soffice tappeto erboso senza indugiare neppure un istante, raggiunsi il ripostiglio. Sapevo, infatti, che nella vita di un giardiniere ogni minuto perso era, se non ancora una vera e propria sconfitta, almeno un'ottima premessa affinché questa avvenisse.

Appena spalancata la porta, dalla penombra fioca, mi accorsi che non c'erano finestre e allora, lasciandola aperta alle spalle, cominciai a esaminare attentamente l'interno, poiché da quella sera in poi quello sarebbe stato il mio ricovero notturno.

L'arredo era essenziale; eccetto gli attrezzi necessari al lavoro c'erano soltanto una stufa a legna di smalto scuro, un appendiabiti di fil di ferro, un lavandino metallico e panciuto e, sotto a questo, mescolato tra i pacchi di fosfati, un sacco di juta pieno di fieno e foglie che subito identificai per il letto. Terminata la breve ricognizione, prima di uscire sul campo di battaglia, mi infilai una tuta rossa che avevo rinvenuta sull'appendiabiti. Era una tuta con la cerniera lampo e un'infinità di pertugi e tasche e, nell'indossarla, mi accorsi che era talmente grande che non avrei potuto muovere neppure un passo se prima, intorno ai polsi e alle caviglie, non ne avessi arrotolato i bordi.

Così, al crepuscolo di una torrida giornata d'agosto, chiuso in quell'abito color fuoco come un demonio rinsecchito nella sua stessa pelle, uscii dal ripostiglio e iniziai la mia vita di temporaneo giardiniere mettendo in funzione i rubinetti delle pompe e delle girandole idrauliche.

Probabilmente, se non avessi avuto delle nozioni di giardinaggio, non avrei bagnato le piante a quell'ora, ma le avrei innaffiate, con un cappello in testa e cantando a squarciagola, pressapoco a mezzogiorno, avrei agito così, convinto che i vegetali, come noi e le bestie, necessitassero dell'acqua proprio nel momento esatto in cui la calura incombeva più pesante. In quel modo, in poco meno di una settimana avrei visto sotto il mio sguardo incredulo tutto il giardino divenire prima giallo e poi nero, prima fradicio e poi secco.

Davanti a quel repentino mutamento, avrei certo pensato alla subdola azione di qualche drappello nemico, al rodore di una larva o alla mandibola famelica dei grillotalpa e, senza perdere tempo, balzando qua e là con una pompetta di insetticida in mano, con dosi massicce di veleno avrei irrorato tutta la vegetazione. Irrorandola, ovviamente, le avrei dato il colpo di grazia, senza essere sfiorato neppure lontanamente dal sospetto che ero proprio io l'innocente artefice di quell'olocausto vegetale. Rallegrandomi al pensiero che invece, grazie alla mia perizia, tutto ciò non sarebbe avvenuto e che, almeno per una volta, sarei riuscito a concludere in modo perfetto almeno un segmento della mia esistenza, dopo aver aperto tutti i rubinetti, con la pompa in mano mi diressi a grandi passi verso le aiuole e le bordure.

Lì, su ogni pianta, smorzando con il pollice il flusso, feci cadere prima una brumosa condensa, poi una pioggerellina leggera e poi ancora, appena non vi fu un solo bocciolo che non fosse madido di perlacee gocce, ficcai la pompa nel terreno per dissetare le radici e i bulbi. Proprio mentre saltellavo da un'aiuola all'altra per estinguere l'arsura dei fiori e degli arbusti, mi accorsi che tutte le piante che avevano avuto l'acme del rigoglio a primavera ora agonizzavano appassite e quasi secche. Al fine di eliminare quell'indecoroso spettacolo, a una a una cominciai a strapparle; poi, presa nel ripostiglio la carriola, mi recai nelle serre e da lì prelevai un assortimento misto di tageti e astri da sistemare al posto delle piante da poco tolte.

Compiendo quelle sostituzioni, mi resi conto che il sole era già quasi interamente scomparso e allora, conscio che per un giardiniere il buio era l'unico momento in cui fosse concesso chiudere gli occhi, subito spensi le girandole idrauliche e riportai la carriola con gli attrezzi dentro il ripostiglio. Quando ebbi messo tutte le cose al posto giusto, mi fermai un istante sulla soglia ad ascoltare il sommesso frinio dei grilli. Ascoltandolo, a intervalli uguali, udii sovrapporsi il fischio monotono e triste di un assiolo. Per scorgere l'animale tra le fronde, alzai il capo e scivolai con lo sguardo oltre le cime degli alberi; lì nel cielo, i miei occhi vagando si smarrirono dietro la scia fiammeggiante della caduta di un astro. Cadeva quella stella come tutte le altre, senza mai giungere da nessuna parte, e io ancora non ne sapevo la ragione. Non la sapevo ma in quell'attimo abbassai le palpebre e come fanno tutti espressi un desiderio. Per il futuro avrei voluto una vita tranquilla, tranquilla davvero.

Nei giorni e nelle settimane che seguirono, eccetto la notte, non ebbi un solo istante per me stesso perché neanche in agosto sotto il dardeggiare più inclemente del sole il lavoro del giardiniere conosce soste. Infatti, oltre all'incessante lotta contro gli insetti, dovevo provvedere in tempo ai ripari per l'inverno, seminare per la primavera successiva le cinerarie e i mimulus e ancora, dovevo fare gli innesti dormienti alle rose, spollonare i pomodori e i giovani crisantemi e sfoltire le viti dai pampini più grandi.

Alla fine di questo frenetico andirivieni, proprio quando, grondante di sudore altro non desideravo che un sonnellino sul prato, dovevo correre ai rubinetti delle girandole idrauliche, aprirli, correre indietro verso la pompa e, con questa in mano, per più di un'ora saltare come un capretto tra le recinzioni e le bordure delle aiuole.

La sera, con ancora indosso la tuta, crollavo esausto sul mio giaciglio e prima che il crepitio delle erbe e delle foglie si fosse spento ero già scivolato in un sonno profondo.

Profondo, a dire il vero, quel sonno non era neanche tanto, perché spesso nel cuore della notte dietro i miei occhi si srotolavano gli apparati boccali di miriadi di cocciniglie. Vedevo tutte quelle bestie, con gli occhi socchiusi per il piacere, succhiare avidamente la linfa vitale delle piante. Le vedevo e le sentivo anche, le sentivo succhiare con gorgoglii e schiocchi, succhiavano come una tromba d'aria o un uragano e solo quando il rumore s'era fatto assordante, divenendo un'unica vibrazione all'interno del mio corpo, mi ritrovavo all'improvviso desto in mezzo al letto.

Allora, accortomi che si trattava di un incubo, per non perdere istanti preziosi di sonno mi voltavo dall'altra parte e proprio quando, abbracciando il saccone, stavo per riaddormentarmi, percepivo sotto di me un improvviso smottamento e il letto prima cominciava a tremare come se nei pressi vi fosse stata una ruspa, e poi si sollevava di scatto e mentre io volavo a gambe all'aria tra gli attrezzi, annaspando con le sue rosee manine al mio posto, compariva un'enorme talpa.

Con il passare delle settimane cominciai a svegliarmi sempre più tardi e ad aggirarmi durante il giorno tra le bordure e i vialetti in uno stato di stanchezza tale da inciampare spesso su un ostacolo imprevisto o sui miei piedi stessi. Più volte, cadendo, rasi al suolo intere aiuole e dopo circa un mese di quell'insonnia desta ero ormai certo che se non avessi quanto prima trascurato il giardino, sarei morto, me ne sarei andato come un eroe afflosciandomi in un recinto di crisantemi senza neppure un grido. Davvero sarei morto in quel modo e con me sarebbe morto anche il giardino se lentamente le giornate non si fossero fatte più corte e non fosse sopravvenuto l'autunno con le sue piogge regolari.

Pioveva ogni giorno dalle tre alle cinque; già all'una, arrampicandomi come una vedetta sul ciliegio vicino al cancello con il palmo della mano posato sulla fronte, vedevo da nord est giungere le prime nuvolette, dei cirri minuti e sparsi che unendosi gli uni agli altri, divenivano prima nembi chiari e perlacei, poi nembi scuri e gonfi. Allora, scuotendo le fronde, da non so dove saliva una brezza leggera; quel vento, che all'inizio accarezzava piano le chiome e il prato, con il passare dei minuti diveniva rabbioso e teso e su quel vento, solitarie e grosse, cominciavano a cadere le prime gocce. A quel punto mi ritiravo nel ripostiglio e lì, disteso sul sacco di foglie, per un'ora o due ascoltavo il crepitio della pioggia sugli oggetti intorno. Distinguevo così la raffica argentina prodotta dall'abbattersi dell'acqua sul tetto di lamiera e l'impercettibile brusio delle gocce sugli aghi dei pini e dei cedri, il loro rimbombo sulle foglie lanceolate dell'oleandro e il loro tenero fruscio sulle foglie di olmo. Tra gli altri rumori riconoscevo anche, chiara e distinta, la percussione di un timpano. Si trattava dei frutti dell'ippocastano che, scivolando dal riccio, cadevano al suolo con tonfi ripetuti e sordi.

La maggior parte dei fiori al sopraggiungere della

pioggia, invece di opporre un fronte compatto di petali e sepali, da questa quasi subito si facevano abbattere e morivano uno appresso all'altro sparpagliando corolle e foglie nei rivoli torbidi del fango. Le uniche a resistere della truppa floreale erano le rose; sostenute da un gambo caparbio e da fibre più spesse, simili a sentinelle nella tormenta, si facevano colpire dalle gocce restituendo a ogni colpo un ticchettio bolso, finché il loro cuore simmetrico e carnoso diveniva talmente fradicio che il primo colpo di vento ne aveva ragione e le atterrava, e di tutta quella pianta vanitosa e astuta restava solo il nudo stelo.

Alla fine della pioggia, comunque, facevo un giro di ispezione per controllare l'entità delle perdite, lo facevo strappando i caduti dal luogo in cui erano morti, li accumulavo a decine e decine sulla carriola prima di immolarli assieme alle foglie in un rogo di fumo e di fiamme che li avrebbe trasformati nel nutrimento per la stagione seguente.

Le pompe e le girandole idrauliche divenute ormai inutili, dopo averle smontate e avvolte con fili di rafia, le avevo deposte nella stamberga. Con loro avevo riposto anche gli annaffiatoi e la solforatrice poiché a quel punto la controparte dei miei nemici sarebbero stati l'umidità e il gelo. Sarebbe stato il naturale rigore dell'inverno a stroncarli.

Così, almeno parzialmente libero da quei gravosi impegni, trascorrevo buona parte del mio tempo disteso nel ripostiglio, stavo lì contando le tacche che avevo inciso sui tronchi, cioè i giorni e le settimane che mancavano al ritorno di Margy.

Con il passar del tempo, però, gli spazi inattivi

divennero sempre più ampi, talmente ampi che mi trovai senza nulla da fare anche nelle ore in cui non pioveva affatto. In quelle lunghe pause presi l'abitudine di sedermi su un tronco fuori dal ripostiglio: stavo lì, con le mani raccolte in grembo, osservando davanti a me il giardino fino a che calava la sera.

Fu proprio in quelle ore di ozio che, tra i rami ischeletriti degli alberi e i rimasugli delle foglie, per la prima volta incontrai Lucrezio.

Percepii la sua presenza in un pomeriggio immoto e terso grazie all'improvviso scuotersi, in assenza di vento, delle fronde più alte di un acero. Si mossero con un tremito elastico, oscillando a destra e a manca e, mentre ancora oscillavano, presero a muoversi anche le fronde del noce accanto. Allora, incuriosito, mi alzai dal mio tronco e raggiunsi il tronco del noce e lì, con le mani sui fianchi, a lungo scrutai in alto, sbirciai tra le poche foglie e i malli verde smeraldo e proprio quando, non vedendo alcunché, mi ero quasi convinto che si fosse trattato di un'allucinazione della solitudine, all'improvviso, come una vampa di fuoco scorsi la sua coda balenare tra le foglie, e muoversi planando di ramo in ramo. Planò fin quasi sopra la mia testa e nel momento in cui fu sopra davvero di colpo i miei occhi incontrarono gli occhi neri e tondi di uno scoiattolo.

Ci osservammo così, io con il capo rivolto verso l'alto, lui con il muso chino verso il basso per più di un paio di minuti. Guardandolo non lo chiamai, no, rimasi zitto poiché sapevo che gli animali più di ogni altra cosa temono la voce umana, quella voce che non è un verso ma un'accozzaglia di suoni disuguali.

Non parlai io ma parlò lui, spenzolandosi curioso verso di me disse: «Ciok, ntciù.»

Quelle sue parole distinte e forti mi parvero subito qualcosa di assai simile a una dichiarazione di amicizia e allora, per non essere da meno, cominciai a scervellarmi alla ricerca di una risposta con cui comunicargli che anch'io, per lui, ero disposto a provare un sentimento analogo. Prima però che riuscissi a comporre alcuni rozzi monosillabi, lo scoiattolo con la sua coda fiammeggiante era già scomparso un'altra volta fra le fronde.

Quella sera e nella notte che seguì, pur sembrandomi sciocco, non riuscii a pensare ad altro che a quel roditore smarrito nel fogliame e vi pensai parlando da solo e a voce alta. Fu proprio durante quell'univoca chiacchierata che per distinguere le sue risposte dalle mie domande, gli diedi un nome, lo chiamai Lucrezio.

Non so se quella notte lo scoiattolo, appostato nei pressi della stamberga con le sue orecchie appuntite e pelose ascoltò tutto il mio discorso o se fu per un semplice caso che la mattina seguente ricomparve. Comunque, mentre con l'irroratrice sulle spalle stavo stancamente spruzzando le ultime rose sopravvissute con polvere di caffaro, lo vidi correre a testa in giù lungo un tronco di quercia; correva fermandosi ogni tanto, muovendo a scatti la coda e il capo e poi, quando fu a circa un metro di altezza dal suolo, con uno stridio d'unghie spiccò un salto e planò sul prato e da lì, alternando balzi a soste in cui restava verticale sulle zampe posteriori, si mosse nella mia direzione.

Da quel mattino in poi cominciammo a incontrarci ogni giorno, diverse volte al giorno. Naturalmente non ero io a salire sugli alberi ma lui che, quando ne aveva voglia, scendeva giù dai tronchi e dopo avermi raggiunto con la solita andatura di corsette e pause, si fermava al mio fianco ad ascoltarmi.

Allora io iniziavo a parlare, parlavo non raccontandogli i fatti della mia vita, cose che non l'avrebbero interessato, come l'imprevista vicenda di Oskar o la scomparsa di Spartaco, ma parlavo come in un dialogo, facendo domande. E fra tutte le domande gli posi soltanto quelle che ancora non avevo posto a nessuno.

Così gli chiesi perché mai cadessero le stelle dal cielo, qual era la traiettoria che compivano cadendo, se un arco di parabola o una retta, e dove mai finissero quell'arco di parabola e quella retta; gli chiesi questo e se anche noi, come gli astri, per procedere necessitassimo di una precisa rotta e se davvero era così, se fosse più giusta una parabola o una retta. La retta, infatti, si sarebbe potuta interrompere in qualsiasi punto restando compiuta mentre la parabola, se per un motivo o per l'altro si fosse spezzata prima di essere conclusa, sarebbe rimasta per sempre lì inutilmente sospesa nel vuoto come un arto tronco. Gli chiesi questo e se era possibile che la retta appartenesse agli scoiattoli e l'arco agli esseri forniti di una voce e per quale motivo spesso ci fossero solo dei cenni, degli aborti di parabole, perché mai il mondo fosse pieno di traiettorie curve che restavano tracciate in aria come la volta di un cavalcavia minato o come ponti trascinati via da una piena violenta, gli chiesi, insomma, se qualcosa o niente governasse il compiersi di quei geometrici tragitti.

Lo interrogai poi ancora su perché mai lui avesse gli occhi, se era quello il motivo per cui con lui potevo discorrere mentre con i pitosfori e le rose non riuscivo a spiaccicare neppure una parola, gli chiesi che cosa fossero gli occhi, da che parte guardassero, che cosa vedesse lui dietro le palpebre abbassate nei lunghi mesi del riposo invernale, se vedesse qualcosa o niente e, se vedeva qualcosa, da dove mai venisse quel qualcosa che non esisteva da nessuna parte. Gli domandai da dove venissi io, da dove venisse lui e gli domandai anche da che parte stesse andando quella sfera schiacciata ai poli su cui entrambi eravamo avvinghiati, e che come una trottola girava su se stessa e correva senza pace da un fuoco dell'ellisse all'altro, quella sfera che da sempre correva senza neppure un cenno di deragliamento e se, per caso, un giorno fosse deragliata, dove mai saremmo finiti, se saremmo precipitati con un sibilo nel buio e nel silenzio cadendo così per i tempi dei tempi, per l'eterno, oppure se, un giorno o l'altro, anche se non c'era più né notte né giorno, avremmo cozzato contro qualcosa, contro una parete o un bordo e se nell'urto l'avessimo infranto, in quale spazio oltre ancora saremmo precipitati, dove mai saremmo finiti, dove mai ci saremmo persi, quale sarebbe stato insomma il termine del viaggio di quella palla dal cuore di fuoco su cui io, lui e il noce insieme e senza volerlo ci trovavamo abbarbicati.

Domandai tutte queste cose a Lucrezio, non gliele chiesi in una sola mattina, no, gliele domandai un po' alla volta, lasciando tra una e l'altra dei tempi morti, delle pause, affinché lui mi potesse rispondere e lui, infatti, ondeggiando la coda nell'aria, con tono sicuro e voce nitida e forte rispose a ogni mia domanda.

L'amicizia tra me e Lucrezio divenne ogni giorno più stretta, ogni giorno più grande, talmente grande che per più di una settimana non mi accorsi neppure dello scorrere del tempo e cioè che i due mesi ormai erano passati da un pezzo. Me ne accorsi una mattina quando, nell'uscire dalla stamberga, un refolo mi strappò la porta dalle mani e un vento gelido si infilò tra me e la tuta accarezzando il mio corpo con dita ghiacciate. Per effetto di quell'algida carezza subito cominciai a tremare, a battere i denti e, mentre tremavo e battevo i denti, una grossa foglia di ippocastano si posò sul mio volto, vi aderì per alcuni istanti proseguendo poi la sua inarrestabile corsa verso il suolo.

Allora vidi che tutte le foglie, esclusi gli aghi, volteggiavano in aria, che lente e gravi, con moto oscillatorio, quasi danzando, cadevano le foglie di platano e di ippocastano mentre con una traiettoria elicoidale, come piume leggere, precipitavano le foglie di acanto e di robinia e che a un certo punto, raggruppate tutte insieme in fragili stormi, scorrazzavano vorticando da una parte all'altra del giardino. Nel breve tempo che persi a osservare quei mulinelli giallo brunito e ignei, i miei pollici cominciarono a informicolarsi. Anzi, si informicolarono talmente che quasi credetti di non averli mai avuti e così, prima di perdere pezzo a pezzo ogni parte del mio corpo, rientrai nel ripostiglio e lì, cercando qualche coperta o straccio, capovolsi e frugai tutti i pertugi e i sacchi. Nel frattempo, per conto loro e in silenzio, se ne erano andati anche il malleolo e il metatarso e quasi di certo immediatamente dopo avrei perso anche il ginocchio, se tutt'a un tratto non mi fossero venuti in mente il fieno e le foglie secche del mio giaciglio e, estrattili subito dal loro involucro, non li avessi infilati come un'imbottitura tra me e la tuta.

Così, trasformato in una sorta di spaventapasseri e incurante ormai del freddo, barcollando sulle mie gambe di strame, uscii fuori per incontrare Lucrezio perché essendo un'amicizia profonda, ogni istante trascorso lontano da lui mi pareva monotono e vano.

Per un po' attesi immobile nei pressi della porta scrutando tra il cupo verde dei pini e i rimasugli fiammeggianti degli aceri; poi, giacché tra le chiome residue non vi era alcun movimento che non fosse quello del vento, con le mani raccolte intorno alla bocca cominciai a chiamarlo.

Lo chiamai sussurrando piano e forte, lanciando un guscio di noce in aria, lo chiamai a lungo e con sempre meno speranza perché nell'ascoltare l'anomalo silenzio che s'alternava al fruscio delle foglie, mi ero reso conto che ormai era giunta la stagione del letargo e che Lucrezio, come tutti gli scoiattoli, avrebbe trascorso l'inverno avvolto dalla sua stessa coda nell'incavo di un tronco.

Nonostante ciò non rientrai affatto nel ripostiglio, rimasi caparbiamente lì ad attenderlo perché ero certo che almeno un'ultima volta sarebbe sceso dal noce o dalla quercia e da lì agitando le manine intorpidite in aria mi avrebbe dato il saluto del letargo. Sarebbe stato però un triste saluto il nostro, dato che al risveglio della primavera seguente io quasi per certo non sarei stato più in quel giardino, ma lontano miglia e miglia, oltre l'oceano, in qualche punto dell'America.

Proprio mentre, tornato nel vano della porta, stavo riflettendo su questo fatto e mi ero convinto che per sempre avrei conservato dentro di me il suo ricordo, dato che l'amicizia ci aveva fatto combaciare l'un l'altro come due pezzi vicini di un gioco a incastro, a un tratto udii sopra le fronde un brontolio distante e ottuso. Allora, con la speranza di una nuova visita alzai lo sguardo, e vidi avanzare al di là delle chiome la sagoma scura di un aeroplano.

Volava così basso e così lontano che, sulle prime, credetti che fosse un modellino radiocomandato. Mi accorsi dell'errore soltanto quando, a meno di un chilometro di distanza, cominciò a perdere quota in modo talmente improvviso e brusco che non ebbi molti dubbi sulla sua imminente sorte. Con le mani mi tappai le orecchie, con le palpebre chiusi gli occhi e così cieco e sordo, aderendo con la schiena alla porta rimasi in attesa dello schianto.

E infatti, trascorsi una decina di secondi, un vento innaturale e forte mi colpì sul volto, insieme al vento giunsero dei rametti, delle foglie e il rombo più vicino delle eliche. Perplesso riaprii gli occhi, e vidi che l'aereo con il ventre della fusoliera stava già sfiorando la sommità dei cedri e dei pini. Come una folgore mi attraversò il pensiero che non avrebbe mai fatto in tempo a fermarsi e che dunque, in men che non si dica, sarei saltato in aria con tutto il ripostiglio. Strinsi i pugni e gli occhi con la violenza con cui si stringono l'ultima volta e così, rigido come un condannato a morte davanti al muro, attesi che l'aereo mi piombasse addosso e mi frullasse in mille pezzi.

In quei pochi secondi, mi sforzai di rivedere le sequenze della mia vita intera e le vidi davvero, dalla buca fino alla coda di Lucrezio, la vidi non una ma sei volte e quando, davanti ai miei occhi per la settima volta comparvero i tigli, improvvisamente il vento si placò e tacque il rombo, scese sul giardino una totale quiete e in quel silenzio, come fosse l'unico rumore del mondo, con un cigolio sinistro s'aprì la carlinga dell'aereo.

L'uomo che uscì dal velivolo facendo scorrere all'indietro il tettuccio a goccia era un uomo alto, dinoccolato con la pelle scura e dei baffi scuri anche. Indosso portava solo un paio di calzoni corti color kaki e un logoro giubbotto da aviatore. Appena sceso, senza degnarmi né di uno sguardo né di un cenno di scusa per i trecento metri di prato divelto, si recò a controllare all'estremità dell'ala i serbatoi supplementari, vi batté le nocche contro e restò poi in ascolto con il capo inclinato per comprendere se all'interno vi fosse o meno della benzina. Mentre compiva quest'operazione dal vano della porta, con le mani sui fianchi, lo squadrai ostilmente, pronto a inveirgli contro.

Stetti così, convinto che prima o poi mi avrebbe scorto, fino a quando mi ricordai che, con quella paglia nella tuta sembravo uno spaventapasseri e dunque se non mi fossi mosso, non si sarebbe mai accorto ch'ero un ragazzo. Allora, dondolandomi sulle gambe per metà di paglia, in silenzio mi avvicinai al velivolo e una volta lì mi piazzai vicino all'elica con il gomito puntato sulla fusoliera.

A quel punto io mi trovavo accanto all'aereo e lui si trovava sotto; di lui, da sopra, vedevo soltanto le estremità delle gambe, due scarpe grosse e lucide e due calzettoni di lana grossa tirati fin quasi alle ginocchia. Trascorsi un paio di minuti, dimenandosi con il corpo iniziò a strisciare fuori da sotto il carrello, strisciò e strisciò e, quando fu in piedi, per la prima volta i miei occhi color ruggine incrociarono i suoi color carbone. Nel vedermi non disse niente, neppure per lo stupore alzò le sopracciglia, mi guardò come se da sempre io fossi stato accanto all'elica con il gomito posato sulla fusoliera, soltanto dopo un minuto, pulendosi le mani sui calzoni, parlò, disse: «Temevo peggio. Per fortuna è solo la lancetta del carburatore a essere rotta» e poi sorrise con denti bianchissimi e aggiunse di chiamarsi Arturo, di essere un archeoaviatore costretto dal dubbio di un guasto a compiere quell'atterraggio di fortuna.

A quelle parole, anziché inveire sorrisi anch'io, non so perché sorrisi, mi faceva anche rabbia sorridere senza un motivo, tuttavia sorrisi e mi presentai a mia volta dicendo che mi chiamavo Ruben e che ero il custode di quel giardino e proprio quando, per sommi capi, stavo per spiegargli come mai mi trovavo in quel luogo, crepitando tra i rami con gocce vaganti iniziò a cadere la pioggia. Allora lui corse all'aereo, chiuse il cupolino e, appena l'ebbe chiuso, entrambi ci avviammo verso il ripostiglio.

Giunti dentro, senza dire niente ribaltò la carriola e vi si sedette sopra e io mi accoccolai di fronte a lui sul tosaerba. Da lì, guardandolo, mi chiesi chi mai fosse quell'uomo caduto dal cielo in un mattino d'inverno e che cosa mai fosse un archeoaviatore e nell'istante stesso in cui stavo per rispondermi che altro non poteva essere che un pilota specializzato nella guida di pezzi da museo, lui, dopo aver tirato un sospiro, stiracchiandosi, disse: «Una missione davvero snervante.»

La missione di cui parlava il pilota era una missione archeologica compiuta tra Alessandria d'Egitto e la Sicilia. L'archeoaviatore altro non era che un archeologo volante che, con a bordo sofisticate apparecchiature, sorvolava le zone degli scavi. Le sorvolava a bassa quota, con un volo lento, andando più volte avanti e indietro sopra il medesimo posto. Le scrutava con i raggi infrarossi, con le strumentazioni per il carbonio radioattivo. Solo in quel modo, infatti, gli era possibile notare nella gibbosità di un colle il resto di un tempio o, in un declivio più dolce, l'area degli aruspici e degli indovini e così assolvere il suo compito di scoprire tutto ciò che da terra con un semplice colpo d'occhio sarebbe stato impossibile scorgere.

Lui però, tra tutti gli archeoaviatori rivestiva un ruolo un po' speciale perché invece di spaziare tra i cieli alla ricerca di resti di strade lastricate o di depositi di giare, volava inseguendo tra le nubi le parole erranti, tutte quelle parole cioè che non essendo mai state scritte su un rotolo di pergamena, dai tempi dei tempi, senza una meta precisa svolazzavano in aria. Tra tutte le branche dell'archeologia la sua era l'ultima nata. Esisteva appena da due anni o poco meno, da quando cioè alcuni studiosi di un centro di ricerca siberiano, partendo dal concetto che il suono altro non è che un flusso di potenza,

130

un trasferimento di energia da un punto all'altro, avevano scoperto che la voce umana, una volta emessa, non sparisce affatto e che dunque le parole, anziché dissolversi nell'istante stesso in cui percuotevano il timpano dell'ascoltatore, seguendo un moto sinusoidale cresta-solco-cresta, una dopo l'altra si levavano in cielo. Così, come palloncini salivano in aria i singoli dittonghi e interi discorsi, levitavano aleggiando tra nembi e cumoli simili a farfalle o ad amenti. Svolazzavano in quel modo, inseguendosi, smarrendosi, rincontrandosi fin dalla notte dei tempi, fin da quando la tupaia, dopo un lungo percorso di tentativi ed errori, era stata o si era trasformata in uomo e quell'uomo, sotto lo stimolo dello stupore o di una forte emozione, tendendo l'ugola e la laringe, flettendo la lingua aveva pronunciato la prima parola.

Di quella parola, purtroppo, non era ancora stata rinvenuta la minima traccia, non si sapeva quale fosse stata poiché, trovando davanti e sopra a sé un cielo sgombro e un'aria rarefatta di idrogeno e di elio, in un secondo o meno era scomparsa negli spazi più alti dell'atmosfera.

Comunque, dopo quel verbo incognito pronunciato nell'era arcaica, neppure una sillaba o un'interiezione erano andate perdute. A una a una simili a piccole onde dell'etere si erano alzate in cielo colmando tutta la distanza tra la crosta terrestre e i limiti dell'atmosfera; poi, come le rocce e i fossili, si erano disposte in strati, in strati determinati non dalla pressione dell'aria ma dalla sua temperatura e dalla potenza con cui il solco-cresta-solco veniva emesso. Con il passare dei millenni, quegli strati erano divenuti talmente fitti e densi che ormai il cielo era simile a un'enorme cipolla, in cui alle tuniche impalpabili si succedevano tuniche spesse; alle spesse, le impalpabili. Ogni tunica, naturalmente, corrispondeva a una diversa civiltà o epoca ed era diversa poiché tutte le epoche e le civiltà possedevano una diversa potenza di espressione. C'erano, infatti, periodi di silenzio quasi assoluto e periodi di bisbigli guardinghi, periodi logorroici oppure periodi come il nostro, misti. Che la nostra fosse un'epoca mista se ne erano accorti proprio durante l'ultimo anno di ricerca a causa dell'inspiegabile sfasamento tra il frastuono terreno e la minima parte di esso che rimbalzava nell'atmosfera; com'è ovvio, intorno a quel fenomeno che contravveniva alla legge del solco-cresta-solco erano già state ventilate delle ipotesi. Quella che pareva la più verosimile, reputava che salissero in cielo soltanto le parole emesse dalle labbra e che dunque dall'ascensione sonora fossero escluse tutte le voci degli altoparlanti, delle radio, delle televisioni.

Per quale ragione, poi, le voci filtrate dalle resistenze e dai microfoni non compissero quel moto convettivo era abbastanza chiaro: giungere nell'etere attraverso uno strumento che minava la loro stessa forza di propulsione, le faceva uscire talmente deboli e consunte che l'unico moto che erano in grado di compiere era quello discendente. Così, smorzate, flebili e già quasi estinte precipitavano verso il basso come chicchi di grandine, sprofondando giù, oltre il mantello e il sima e proseguivano la loro corsa fino a estinguersi nel cuore di fuoco della terra. E mentre le voci degli altoparlanti e degli speaker venivano ingurgitate per sempre nell'assoluto silenzio delle viscere terrestri, le poche voci vere salivano dritte in cielo librandosi una dopo l'altra tra gli impalpabili nembi. Tra tutte quelle voci, per la frequenza di vibrazioni più intensa propria di chi parlando chiede qualcosa, erano proprio le domande a salire più celeri e più in alto.

Queste ipotesi e queste complesse indagini, naturalmente, erano state possibili solo grazie a delle speciali apparecchiature che lui teneva racchiuse nella fusoliera. Grazie a quelle apparecchiature e grazie a un enorme imbuto retrattile, una sorta di gigante cornetto acustico che, sporgendo tra i carrelli, era in grado di risucchiare in una sola volta decine e decine di metri cubi d'aria. Appena aspirata la quantità sufficiente per un'analisi, infatti, l'imbuto la convogliava verso un computer che si trovava all'interno della carlinga. Il computer era un computer normale, con il video, la memoria, i dischetti e tutto il resto ed era proprio lui, con il suo siliceo intelletto a setacciare ogni centimetro cubo d'aria e, setacciandola, rinveniva le parole che vi fluttuavano in mezzo e le faceva apparire sul video nell'esatta sequenza con cui erano uscite dalla bocca di chi le aveva pronunciate.

A quel punto, il pilota, se le parole facevano parte di un dialogo, allungando solo un braccio innestava la parte sonora del computer: allora, all'interno della carlinga una voce gradevolmente sintetizzata ripeteva l'ultima domanda del dialogo in corso così che lui, senza distrarsi dalla guida, riuscisse a raggiungere il luogo esatto in cui era avvenuta la risposta.

Quel metodo, comunque, era un'opera sua, l'aveva dovuto inventare poiché sovente gli antichi discorrevano delle cose più gravi camminando e solo con quel sistema, cioè solo con la conoscenza dell'entità delle domande, era possibile, quasi senza errore, dirigersi nel luogo in cui aleggiava la risposta. In quei due anni, cogliendo un successo dopo l'altro, aveva sorvolato decine e decine di città sepolte, aveva sorvolato Ninive e Babilonia, Ugarit e Pompei, Sodoma e Gomorra, aveva sorvolato la Grecia intera e la Grecia Magna ed era proprio da lì che ora stava tornando ed era lì che, nel veleggiare sopra alcuni autobus di turisti fermi alla periferia di Siracusa, aveva registrato il primo insuccesso della sua carriera, cioè non aveva registrato niente.

Era accaduto, infatti, che nel compiere un giro di ricognizione generale, più per caso che per volontà, si fosse imbattuto in una voce a un tempo ilare e grave e che quasi subito, sentendola descrivere a uno scalpellino la perfezione armonica del volume della sfera, avesse capito che si trattava della voce di Archimede in persona.

Vista l'importanza dell'intercettazione manovrando la cloche aveva cominciato a seguirlo e, per più di due ore, vi era riuscito senza incontrare nessun tipo di difficoltà. L'aveva seguito mentre, discutendo con dei pescatori, faceva la spesa al mercato e poi, mentre disteso sotto un ulivo, schiacciava un sonnellino, l'aveva seguito senza perdere neppure un frinio o un dittongo fino all'istante in cui passeggiando nei pressi del teatro non era incappato in Algesto, un suo discepolo. Per un po', e a dire il vero, era andato tutto bene: ascoltandoli parlare del più o del meno li aveva pedinati per un'ora, finché

Archimede, pressappoco all'altezza di un pino marittimo aveva fatto un brusco dietrofront e aveva chiesto al suo allievo quale fosse l'esatto numero dei granelli di sabbia presenti sulla superficie terrestre. Aveva interrogato proprio così Algesto e subito la sua domanda, concisa e nitida, era apparsa lampeggiando sul monitor, e lì era rimasta per dieci minuti, per un'ora, per un giorno intero, per tutto il tempo in cui lui, abbassandosi e rialzandosi in quota, procedendo a zig zag o dritto, perforando una dopo l'altra le nubi era andato alla ricerca della risposta.

A quel punto del racconto il pilota Arturo, che intanto aveva cambiato posizione spostandosi dalla carriola ai rimasugli del materasso e che ora stava lì disteso con le mani intrecciate dietro la nuca, tirato un sospiro, fece una breve pausa di silenzio, poi parlò ancora e disse che il fatto di non aver trovato la risposta a quella domanda non lo considerava un fallimento e, men che meno, considerava l'ipotesi che quel numero così grande e così perfetto non esistesse. Era chiaro infatti che se non fosse esistito Archimede non lo avrebbe mai chiesto ed era altrettanto chiaro che essendo lui stesso l'autore dell'«Arenario», dell'opera sugli infiniti o quasi granelli di sabbia del mondo, lo sapeva e prima o poi l'avrebbe svelato ad Algesto.

Parlò così il pilota, parlò con frasi via via più sconnesse, fino a che le parole rimasero sospese in aria senza alcun nesso o legame, come se lui stesso avesse dovuto andare a cercarle, e dopo un paio di minuti se ne andò davvero, sparì in un luogo dove non potevo raggiungerlo.

Allora, compreso che la conversazione era finita e che non c'era speranza che per il momento ricominciasse, rannicchiatomi nella mia tuta mi distesi al suo fianco e fissando dietro le palpebre un'enorme clessidra che a uno a uno lasciava cadere granelli quasi invisibili cercai di addormentarmi e, in men che non si dica, vi riuscii anche.

Il mattino seguente, indolenzito per l'umidità e la rozzezza del giaciglio, mi svegliai un po' prima dell'alba. Appena aprii gli occhi, non mi ricordai nulla di tutto ciò ch'era successo la sera precedente; mi ricordai invece benissimo di aver fatto un sogno, non un sogno vero e proprio, dove andavo in qualche luogo o dicevo qualcosa, ma il balenio di un filo dorato che attraversava il buio, un balenio che altro non era che lo scorrere della sabbia della clessidra. Mi ricordai di quell'ininterrotto moto e dei miei occhi che, fissi davanti, cercavano di afferrarlo e mentre gli occhi stavano fissi in un punto, il mio corpo privo di sguardo annaspando vanamente su se stesso, fragile e indifeso come le prime catene di aminoacidi, precipitava senza mai fermarsi in un gorgo di buio e di silenzio.

Solo alcuni minuti più tardi quando, alzandomi, scorsi al mio fianco l'impronta di un altro corpo mi sovvenni di ciò che era accaduto la sera precedente, del pilota Arturo e di tutto il resto.

Allora, convinto che si fosse recato in giardino a sgranchirsi le gambe, mi affacciai alla porta della stamberga e nello scorgere accanto ai trecento metri di prato divelti, altri trecento metri divelti nel senso opposto, compresi che il pilota Arturo nottetempo se ne era andato.

Sul momento, non feci gran caso a quella repentina partenza, non vi prestai attenzione finché non calò la sera e mi distesi un'altra volta sui rimasugli di materasso. Fu a quel punto infatti che, nel silenzio interrotto solo dallo stormire del vento, vidi comparire di nuovo la clessidra, e subito mutarsi in una gigantesca cornucopia, in un'ininterrotta valanga di sabbia e mota. Allora, con gli occhi chiusi, smottamento dopo smottamento, erosione dopo erosione, cominciai a contare tutti i granelli di sabbia, contai i granelli a uno a uno, i conglomerati con calcolo approssimativo, contai a quel modo fino all'alba o quasi e, mentre li contavo, anziché prendere lentamente sonno, mi prese via via una gran rabbia, divenni furibondo o quasi perché quella storia non aveva mai fine, perché ogni volta in cui ero proprio certo che il numero che avevo in testa fosse quello definitivo, la clessidra-cornucopia facendo testa coda su se stessa riprendeva lo stillicidio dall'inizio.

Così non appena il sole con i suoi raggi lambì le pareti del ripostiglio, balzai in piedi e uscii in giardino. Lì, camminando tra le zolle del prato con le mani raccolte dietro la schiena, pensai e ripensai alla clessidra, a quella storia che non aveva fine e, pensandoci, in breve fui certo che se non avessi potuto dire: «Ecco il numero è questo e solo questo» quei granelli mi si sarebbero piantati in testa e mi avrebbero fatto uscire di senno. Per evitare questo, giacché ero un tipo concreto e avevo l'ambizione di giungere in America integro e sano, decisi che l'unico modo per togliermi di torno quei granelli sarebbe stato quello di sapere il prima possibile la cifra esatta e cioè di rivedere il pilota Arturo al compimento della sua missione.

Sul come e quando avrei potuto reincontrarlo mi scervellai per dieci minuti interi, finché inciampando su un tronco, fui folgorato da un'idea brillante. Infatti, vedendo svettare davanti a me il fusto lungo e flessuoso di un pioppo e sotto di esso i trecento metri di prato divelto, compresi che il solo modo per far tornare indietro l'archeoaviatore sarebbe stato quello di trasformare il giardino in un aeroporto vero e proprio con la manica a vento e tutto il resto.

In fondo, tecnicamente, non sarebbe stato affatto difficile: spianando le aiuole, livellando le parti sconnesse dei vialetti di ghiaia, e segando gli alberi in poche ore di indefesso lavoro sarei riuscito a modificarlo in una pista così graziosa e accogliente che lui, al ritorno dalla missione, attratto come un calabrone da un magnifico fiore, non avrebbe resistito al desiderio di atterrarvi un'altra volta.

Detto fatto, subito raggiunsi il ripostiglio e ne uscii poco dopo con la sega elettrica; con questa in mano mi avvicinai al primo albero e, posata la lama su un punto esatto del tronco, avviai il motorino e diedi il via alla mia zelante opera di demolizione.

Trascorsi neppure trenta secondi già l'albero incominciò a vibrare. Vibrò prima la chioma, disperdendo le ultime e tenaci foglie, e poi, via via, vibrarono i rami e i rametti, vibrò il tronco fino al colletto; vibrai anch'io, dalla testa ai piedi, mentre la segatura da tutte le parti mi schizzava intorno; quel ronzio acuto e perforante risucchiava nel suo vortice il canto dei cuculi e delle tortore, il fruscio delle fronde sopravvissute.

Vibrammo in quel modo finché lo spessore che teneva unito il fusto alle radici non fu più grande di un dito; allora, reggendo nella mano sinistra la sega ormai spenta, con una leggera pressione della destra gli diedi il colpo di grazia urlando: «Ollalà!» e mentre ancora il mio grido risuonava nell'aria, il tronco, prima prese a oscillare con un crepitio funesto, e poi, con un sibilo seguito da uno schianto, s'abbatté al suolo appiattendo un'intera coltivazione di rose.

Eliminato quel primo albero che era un olmo, subito raggiunsi il bagolaro di fronte e con il medesimo procedimento lo abbattei a sua volta.

Dopo di esso, canticchiando, abbattei anche i cedri e i pini, gli ippocastani e i ciliegi, le fuxie e gli oleandri, uno appresso all'altro, come birilli, schizzando da tronco a tronco con agili balzi.

In quel modo in un'ora o due rovinarono al suolo tutti gli alberi e gli arbusti del giardino, tutti meno un filiforme pioppo nei pressi del cancello poiché, fin da prima dell'inizio dei lavori, avevo deciso che sarebbe divenuto il pennone per la manica a vento.

Una manica vera e propria, naturalmente, non ce l'avevo, ma avevo le due gambe di tela rossa dei miei calzoni e così, senza neppure levarmi la tuta di dosso, con le cesoie ne tagliai una all'altezza del ginocchio e la tinsi a strisce bianche con una vernice rinvenuta nel ripostiglio. Poi, con la ex gamba in una mano e lo svettatoio nell'altra, camminando attraverso quell'ordinata ceppaia che era divenuto il giardino, raggiunsi il pioppo e con i gesti agili e svelti di un cesellatore lo privai di tutti i rami e i rametti e vi salii sopra a sistemare la manica a vento, cioè la gamba.

A quel punto per rendere l'opera più perfetta gettai nella carriola tutte le bordure e le recinzioni e corsi al letamaio a scaricarle, le scaricai senza fermarmi neppure un istante perché ormai ardevo dal desiderio di vedere il risultato del mio lavoro finito.

E infatti, dal luogo in cui meglio spaziavo con lo sguardo mi fermai a osservarlo, lo scrutai con le gambe divaricate e le mani sui fianchi, in ogni minimo particolare, per essere certo che fosse davvero un aeroporto perfetto e che dunque non vi fosse alcun impedimento al ritorno dell'archeoaviatore.

Poi, soddisfatto per l'eccellenza dell'opera compiuta, per come in poche ore e con poco sforzo ero riuscito a trasformare un misero giardino in un magnifico aeroporto, mi sedetti con le gambe incrociate davanti alla porta del ripostiglio e lì immobile, senza pensare a niente, cominciai ad attendere.

In quella posizione, costantemente vigile e teso, aspettai quel giorno e il giorno seguente, aspettai per una settimana intera o quasi, e proprio quando all'alba del settimo mattino, ormai intirizzito, stavo per desistere e tornare dentro, tutt'a un tratto, in alto alla mia sinistra percepii un brusio lieve e continuo, cioè l'inequivocabile rumore di un motore in volo.

Allora, schizzai in piedi e con una mano posata dietro l'orecchio, inclinando il capo ora da un lato ora dall'altro cercai di comprendere da che parte del cielo sarebbe comparso l'aereo.

Soltanto dopo un paio di minuti di quell'ascolto attento, dal pacato lavorio della biella e dei pistoni, mi accorsi che, a differenza della prima volta il velivolo si avvicinava lento e variava ogni tanto il ronzio di fondo come se, per il pararsi improvviso di un pendio di etere, avesse dovuto cambiare marcia. Pensai questo scrutando davanti a me il cielo limpido e sgombro, lo pensai fino a quando, dopo un paio di minuti, sentii davvero un motore scalare le marce e subito, con uno stridio acuto di pneumatici, un taxi si fermò davanti al cancello della villa.

Fuggii a gambe levate quasi senza rendermi conto che stavo fuggendo. Riuscii a fuggire solo grazie all'interminabile tempo che Margy impiegò per scaricare dall'auto i suoi bagagli, grazie ai suoi beautycase, alle sue cappelliere e ai numerosi sacchi di terriccio scozzese. Infatti se Margy avesse spedito i suoi bagagli per posta o si fosse portata appresso soltanto una borsa mai e poi mai sarei riuscito a dileguarmi perché, nell'istante stesso in cui mi fossi accorto del suo arrivo, lei già spingendo con un ginocchio la porta sarebbe entrata in giardino. Sulla soglia, per un attimo avrebbe pensato a un errore di villa; sarebbe stata però un'illusione di breve durata perché, nel vedermi lì fermo in mezzo al prato, avrebbe subito compreso che quella era proprio la sua villa e che in tre mesi, per ragioni non chiare, si era trasformata da proprietaria di una villa con giardino in proprietaria di una villa con aeroporto.

In realtà, l'aeroporto che avevo costruito non era niente male, anzi era perfetto o quasi, ma ero certo che lei non l'avrebbe apprezzato, che osservandolo non avrebbe mai detto: «Carino, oh carino pro-

141

prio...» perché non conosceva la storia dell'archeo-aviatore e degli infiniti granelli. Anche se l'avesse conosciuta, con ogni probabilità non l'avrebbe apprezzata lo stesso dato che in mente aveva un solo pensiero, quello di levarsi in cielo stringendo tra le dita il più bel fiore del suo giardino.

Certo, avrebbe potuto benissimo andarsene strappando dalla cima del pioppo la manica a vento e salire poi tra i cumoli e gli alti strati con quello straccio stretto tra le dita. Anzi, essendoci poca gente che moriva avvinghiata a una manica a vento, in quel modo le sarebbe stato persino più facile ritrovare il marito.

Così pensavo io ma lei, credo, non avrebbe affatto gradito quel suggerimento. Voleva il fiore e solo quello, voleva una margherita o una petunia e, appena scorto tutto quell'apparente scempio, quasi per certo tremando sdegnata e pallida, avrebbe chiamato la polizia.

E allora, la polizia in men che non si dica sarebbe giunta e mi avrebbe arrestato per l'omicidio del giardino, per il tentato omicidio della vecchia e portandomi in catene in qualche luogo umido e buio avrebbero scoperto anche che io ero ricercato già da tempo per l'assassinio di Oskar.

Pensai tutto questo mentre, dopo aver scavalcato il muro di cinta, correvo a rompicollo giù per i sentieri che conducevano ai meandri del porto. Scesi da quella parte meccanicamente, soltanto perché grazie alla pendenza i passi si succedevano ai balzi e i balzi ai passi senza nessuno sforzo. Poi, correndo nel porto tra le ordinate file dei container scorsi una nave guidata da un rimorchiatore lasciare gli ormeggi, e a un tratto capii che solo allontanandomi tra i flutti sarei riuscito a far perdere le mie tracce e che per mare, se la fortuna mi avesse assistito, un giorno, forse sarei riuscito addirittura ad approdare in America.

6.

Il piroscafo su cui trovai un ingaggio si chiamava «Socrates» ed era un mezzo cargo, una nave cioè che trasportava a bordo per una metà uomini e per l'altra cose.

Naturalmente la sua destinazione, giacché nulla succede con il moto perfetto con cui gli oggetti cadono dall'alto in basso, non era l'America ma un porto ancora prima delle colonne d'Ercole. Non era l'America, ma a me andava bene lo stesso giacché in quel momento la cosa più importante era fuggire da quel luogo e oltre a ciò ero anche certo che in qualsiasi porto, come in una stazione d'autobus, prima o poi sarei riuscito a trovare un altro imbarco che mi avrebbe condotto alla meta.

Comunque, appena salito a bordo, un marinaio mi diede una giacca a righe viola e nere e mi accompagnò nella cabina dove da quel giorno in poi avrei svolto il mio lavoro. La raggiungemmo in silenzio, senza guardarci negli occhi, lui stava davanti e io dietro; per raggiungerla scendemmo per scale e scalette via via più ripide e a ogni passo, scendendo, mi chiedevo quale fosse la meta. A terra, infatti, avevo domandato al commissario di bordo se avesse bisogno di una mano, e lui aveva risposto: «Anche di due» senza specificare affatto a cosa gli servissero quelle due mani. In ogni caso di lì a poco il marinaio con un calcio aprì una porta e mi spinse dentro un bugigattolo dove c'era un'ingombrante macchina composta da due cassoni d'acciaio uniti da un doppio nastro semovente e, allora, convinto di essere stato assunto come fuochista, tirai un sospiro di sollievo.

Fu una convinzione però di breve durata, perché nel momento in cui la macchina si mise in moto e sul tapis roulant da uno sportello superiore cominciarono a cadere decine e decine di stoviglie sporche, compresi che non ero stato ingaggiato per tener vivo il fuoco bensì per lavare i piatti. Così, per dare una buona prova di me stesso, indossata quella giacca di due misure più grande e con ancora sotto le ascelle infeltrite l'odore del precedente proprietario, iniziai a occuparmi dei piatti fondi e delle gavette imbrattate di sugo. Prima di infilarle nella lavastoviglie le ripulivo a una a una con un rapido movimento in senso orario e uno ancor più rapido in senso antiorario, le pulivo a quel ritmo perché il tempo era scandito dalla velocità del nastro e se avessi perso più di mezzo secondo per ogni crosta in men che non si dica si sarebbero creati degli ingorghi tintinnanti e unti.

Una volta sommariamente puliti, sempre a uno a uno li dovevo sistemare nel loro esatto posto nel cestello e, nell'istante stesso in cui avevo inserito l'ultimo piatto nella sua propria scanalatura, già il primo dello stesso turno da un braccetto metallico veniva depositato, lucido e grondante, sul nastro opposto e cominciavo ad asciugarlo. Asciugavo quello e tutto il vasellame che seguiva senza neppure sollevarlo dal tapis roulant, poiché di lì a poco un'altra volta si sarebbe aperto lo sportello superiore e mi avrebbe rigurgitato addosso un carico di nuove stoviglie sporche. Per il primo giorno lavorai a quel modo, senza mai fermarmi, sepolto lì sotto tra le pareti d'acciaio e il rantolo del mare.

Con il passare delle ore, però, pensando a tutta quell'acqua che mi stava intorno e comprimeva le fiancate dello scafo pronta a piombarmi addosso, mi cominciò a montare dentro un'ansia soffocante.

Allora, per evitare che quello stato di allarme si mutasse in panico, per distrarmi mi concentrai sull'ordinato susseguirsi delle cabine, e su cosa mai vi stessero facendo i passeggeri dentro. Riuscii benissimo a immaginare gli arredi ma non a vedere i passeggeri della cabine. O meglio, li vidi ma con sembianze di cavallette o di locuste, come un esagitato sganasciarsi di mandibole e di denti. Vedevo ponti e saloni invasi da quei voraci insetti che con le loro chetinose mascelle rodevano ogni cosa, che rosicchiavano, digrumavano, ruminavano imbudellando tutto ciò che era possibile imbudellare. Le vedevo e le sentivo, sentivo la loro laboriosa digestione, lo sciabordio della polpa tra la lingua e i denti, la vedevo scivolare dalla trachea all'esofago e attraverso i risucchi del piloro, giù nello stomaco. Lì poi, il bolo, con un gran travaglio di borborigmi si fermava a lungo per trasformarsi in chimo; e infatti, trascorsa la pausa necessaria all'irrorazione e allo smaltimento, vedevo il chimo, come su un toboga, accarezzato dai villi, scivolare lungo le anse dell'intestino e proprio quando, dopo aver rallentato un po' nel colon traverso, stava per avviarsi a gran velocità verso l'innominabile fondo, sopra di me s'accese una luce rossa e una voce parlò comunicandomi che ero atteso quanto prima nelle cucine.

Convinto che in virtù del mio eccellente zelo mi fosse stato affidato qualche incarico più prestigioso uscii subito dal bugigattolo e salendo i gradini a quattro, le raggiunsi.

Appena entrai il capo del personale mi venne incontro, stette lì di fronte a me squadrandomi a lungo senza dire niente e soltanto quando a noi si avvicinò il capo cuoco, aprì la bocca, si rivolse a lui come s'io fossi privo della parola o dell'intelletto e disse che sì, che andavo bene e con una divisa giusta indosso avrei potuto sostituire benissimo il barman della notte che già da due giorni, con il fegato ingrossato, giaceva a letto.

La sera stessa, dopo essermi tolto la casacca a righe e i resti della tuta rossa e aver infilato al loro posto la livrea del barman della notte, venni condotto da un mozzo fino al ponte più alto della nave dove c'era il mio luogo di lavoro, cioè il dancing.

Lì, appena giunto, mi sistemai dietro un piccolo banco di metallo con alle spalle degli scaffali pieni di bottiglie, e giacché non c'era ancora alcun cliente, presi a lucidare con uno straccio il ripiano d'acciaio. Lucidai quello e spolverai i tavolini e le poltrone intorno alla pista da ballo, spolverando ritirai tutti i posacenere colmi di cicche della sera precedente e li svuotai nel cassonetto dei rifiuti; proprio in quell'istante, senza che io avessi toccato nulla nel mezzo della pista si accesero luci di tutti i colori, si accesero e si spensero alternativamente e nel mezzo di quell'ininterrotto sfavillio si levò una musica melensa e dalla porta a ventola cominciarono a entrare i clienti.

I primi a fare il loro ingresso furono tre o quattro arabi in sandali e tuta da ginnastica. Appena si furono seduti a un tavolo, con uno straccio di tela ripiegato sul braccio mi avviai verso di loro per prendere le ordinazioni, per sapere se volevano un baby o un gin tonic. Una volta al loro fianco, mi piegai in un ossequioso inchino e restai flesso in avanti finché il più anziano, agitando la mano in aria, come se dal garrese di un ronzino stesse scacciando un tafano, mi fece comprendere che da bere non volevano niente.

Allora, senza mai volgergli le spalle, cominciai a retrocedere, indietreggiai di due o tre passi prima di cozzare contro una massa enorme, pelosa e calda, fermandomi per una frazione di secondo in uno stato di equilibrio precario; in quel breve tempo vidi che l'imprevista massa altro non era che un alano arlecchino tenuto al guinzaglio da una donna alta, altissima, fasciata in ogni piega del suo corpo da una tuta di pelle aderente e lucida. Non disse niente quella donna quando le caddi addosso e tacque anche l'uomo che la seguiva con un pincher al guinzaglio, un uomo identico al suo cane, tarchiato e basso, con un'aria ringhiosa e quattro o cinque apparecchi fotografici al collo.

Solo appena si furono accomodati entrambi sulle poltroncine acriliche viola e giallo, lui, indolente, alzò un braccio nella mia direzione e, schioccando le dita, da lontano urlò forte: «Due gin tonic!»

Preparati i due cocktail in due bicchieri ghiacciati

li guarnii con due fettine di limone e due salviette ripiegate tra il bicchiere e il vassoio; poi, sorreggendo il vassoio con una mano quasi più in alto della mia stessa testa raggiunsi la coppia di cinofili, li servii e attesi di essere pagato. Fu un'attesa però vana e lunga. L'alana, infatti, aveva già iniziato ad ancheggiare sulla pista, incurante della musica. Non la seguiva affatto, no, volteggiava torbidamente, languida, sporgendo il bacino in avanti, stringendo la punta della lingua tra i denti e, mentre lei si muoveva a quel modo, l'uomo pincher le correva intorno e la fotografava, disteso al suolo, oppure in piedi, dalla sommità delle poltrone.

Nel frattempo anche gli arabi, toltisi i sandali, avevano cominciato a danzare, ballavano fotografandosi con una polaroid a turno, uno fotografava l'altro e viceversa e non appena la foto con un fruscio lieve usciva dalla parte inferiore dell'apparecchio, si fermavano un istante a rimirarsi prima di riprendere le danze.

Convinto che fosse più cauto non lasciar la minima traccia di me in quelle foto, sgusciavo tra un lampo e l'altro come tra una raffica di schioppettate, sgusciavo sempre più svelto poiché in quei minuti la sala si era riempita di gente. Erano arrivati i marinai alla fine del servizio, un ammiraglio in viaggio di istruzione con i suoi allievi, erano arrivate le cameriere del ristorante vestite a festa, e con abiti di lamé e fili di perle intorno al collo, le mogli degli ufficiali di bordo. Erano arrivati tutti insieme e tutti all'improvviso avevano anche sete: di whisky l'ammiraglio, di chinotto e di gazzosa i suoi ragazzi, di cherry e amaretto le mogli degli ufficiali di bordo, di sambuca le cameriere tirate a lucido. Avevano tutti talmente sete che, in breve, il frigo fu quasi vuoto e io dovetti iniziare ad aggiungere acqua alle bevande.

Proprio mentre correvo da una parte all'altra della sala con quegli insipidi beveraggi sul vassoio, l'infermiera di bordo, vestita di una minigonna e un mini pull color banana che lasciavano scoperta quasi l'intera pancia, si piazzò in mezzo alla pista e, strappato il microfono dallo stelo, iniziò a cantare canzoni di montagna. Cantava con passione, con gli occhi chiusi e dondolandosi sulla punta dei piedi e nessuno l'ascoltava. Non le prestavano attenzione le dame, assorte in una biliosa partita a ramino e neppure gli arabi che, seduti al suolo giocavano a dadi; non l'ascoltavano la donna alana e l'uomo pincher, avvinghiati l'un l'altra nella poltrona come il paguro alla sua conchiglia e neanche l'ammiraglio che, ubriaco o quasi, gridava ai suoi ragazzi che cosa fosse necessario fare in caso di vento contrario.

Gli unici suoi uditori, compostamente seduti davanti alla pista, erano i due veri cani. Stettero lì per un po' in silenzio, inclinando il capo ora da una parte, ora dall'altra e poi, con voce di baritono e soprano, presero a cantare anche loro, con una passione tale che ben presto l'infermiera fu costretta a tacere.

Allora, per intrattenere il pubblico, iniziò a raccontare barzellette, raccontò di un cieco che incontra un amico zoppo e gli chiede: «Come va?» e l'altro gli risponde, «Come vedi...» Raccontò questa e altre cinque o sei senza che ridesse nessuno e così, fatti ancora un paio di tentativi, tirò un sospiro e, scuotendo la chioma stopposa, si sedette con gli arabi a giocare a dadi.

Simile a una valanga che, con sempre più frastuono trascina con sé alberi e rocce, quel bailamme proseguì in crescendo per diverse ore, poi, come se dopo il pendio davanti a sé avesse incontrato il piano, cominciò ad affievolirsi, con isolati crepitii e schiocchi fino a spegnersi del tutto.

Decrebbe di molto non appena le dame del ramino si ritirarono nelle loro cabine e calò ancor di più quando l'ammiraglio s'addormentò dritto disteso sul tavolo con tutti gli allievi accucciati intorno e finì proprio nel momento in cui con uno scricchiolio di unghie e tacchi i due cinofili con i cani lasciarono il dancing. Allora nella sala scese un silenzio da dormitorio, interrotto solo da stronfamenti e roncheggi. Attraverso il pavimento ingombro di corpi come il campo di una battaglia persa, tramortito o quasi uscii sul ponte a prendere una boccata d'aria.

Giunto all'esterno, fui subito investito dalla brezza salmastra del mare aperto e vidi che mentre la prua divideva i flutti in due metà esatte senza dirigersi verso alcuna sponda, la notte già stava sfumando nel chiarore dell'alba e, dividendo la spuma dai nembi, sorgeva dall'illusoria linea dell'orizzonte il barbaglio del giorno. Rimasi lì ritto sul ponte, privo di pensieri in mente, smarrito in quell'imperturbabile silenzio.

Il mattino seguente, mentre mi trovavo nel bugigattolo intento a lavare i piatti perché l'incombenza notturna non mi scagionava affatto da quella diurna, tutt'a un tratto udii sopra di me un forte rimbombo. Sulle prime pensai che poteva essere l'addensarsi non lontano di un fortunale da naufragio ma quando a esso seguì il rumore degli argani meccanici che srotolavano le ancore, compresi che eravamo soltanto giunti in un porto. Di lì a poco, infatti, cigolò sulla mia testa il ponte d'imbarco e in fila e lenti come gli animali dell'arca cominciarono a salire i camion e le auto.

Che quella nave fosse divenuta davvero un'arca me ne accorsi solo più tardi quando, finito il turno dei piatti, per raggiungere il ponte del dancing, attraversai il garage nel mezzo dello scafo.

Proprio nell'istante in cui passavo svelto tra le decine di vetture pigiate le une vicino alle altre, da un rimorchio di camion non lontano uscì un barrito di elefante e, dopo un paio di secondi, si levò un intero coro di ululati e frinii, di belati e gracchiamenti, di grugniti e miagolii.

Allora, incuriosito, mi arrampicai su un parafango per vedere chi o che cosa fosse rinchiuso là dentro e, una volta raggiunta una feritoia subito andai a cozzare con il mio sguardo contro decine e decine di altri sguardi, con occhi a fessura o tondi o a mandorla, sgranati o sitibondi, con occhi ferini e brillanti, grifagni. Cozzai insomma con gli occhi di un intero serraglio.

Grazie al dilatarsi delle mie pupille trascorso un minuto riuscii a scorgere in quella penombra la sagoma massiccia di un elefante indiano senza zanne schiacciato con la testa contro il soffitto e, negli interstizi lasciati liberi dalla sua enorme mole, un bradipo e un oritteropo, una coppia di fennec e quattro o cinque lemming, degli impala e dei guanachi, due gracule e tre cornacchie. Stavano tutti lì immobili con lo sguardo rivolto verso l'alto, cioè verso il mio volto, e restarono immobili fino al momento in cui l'oritteropo scambiatomi forse per il bettoliere della pastura, cominciò a gurgugliare agitando le orecchie, srotolando la lingua e, dopo di lui tutti gli altri animali iniziarono a manifestare il loro appetito, raspando il suolo con gli zoccoli e le patte, tamburellando sulle pareti con la coda, increspando le labbra e i grugni, volando con starnazzii rauchi da una parte all'altra del rimorchio.

In breve, vi fu un concerto tale che prima che si mutasse in un'inarrestabile sarabanda, non avendo con me del cibo per placarlo, fui costretto a smontare dal parafango e ad allontanarmi dall'antro. Nel percorrere la strada che mi separava dal ponte mi chiesi cosa mai fosse quel serraglio semovente, a chi mai appartenesse, me lo chiesi fino all'istante in cui mi trovai all'aperto e anziché dirigermi, come mia intenzione, verso le cucine fui travolto e incorporato in un mulinello di mani e di piedi, di corpi e subito, senza volerlo, incrociando ora le braccia ora le gambe, cominciai a correre con un galoppo laterale prigioniero in un'inarrestabile danza che si snodava su e giù per le scalette e i ponti.

Mentre stavamo avanzando lungo il rettilineo che conduceva in plancia, scorsi la testa di quel colubro danzante. Vidi una donna fasciata dal collo ai malleoli da una tuta nera, una donna dal volto scarno e affilato con una massa di capelli corvini raccolti sulla nuca: era lei che percuotendo con un palmo aperto un tamburello di pelle dava il tempo e il ritmo a quel galoppo ed era sempre lei che, sforbiciando le gambe in aria, ordinava i bruschi mutamenti di passo, che trasformava il galoppo laterale in un procedere da rane e, con gran scompiglio e smarrimento, mutava la direzione da sinistra in destra e viceversa mentre tutti i ballerini senza parlare né guardarsi negli occhi, con saltelli d'assestamento s'adeguavano al nuovo passo. S'adeguavano loro e, goffamente, mi adeguai anch'io, altrimenti l'intero corpo di ballo mi sarebbe venuto addosso riducendomi in qualcosa di simile a una poltiglia.

Seguii quel ritmo finché lei impose un'andatura di saltabecchi storti e con uno scatto più lungo degli altri riuscii a sottrarmi al gorgo.

Che cosa fosse quella trimpellante frotta lo seppi la sera stessa quando, all'apertura del dancing, la soubrette infermiera raggiunse il centro della pista e dal microfono annunciò che era salito a bordo uno dei balletti più famosi del mondo, il balletto FASE REM, il balletto che non stava mai fermo con annesso il serraglio; e mentre stava spiegando al pubblico distratto che quelle sagome inquiete sul ponte erano dei veri artisti e, in quanto tali, non potevano concedersi neppure in trasferta un istante di sosta perché avrebbe compromesso per sempre la flessibilità delle loro giunture, all'improvviso, i ballerini guidati dalla donna nera irruppero nel dancing. Senza che vi fosse alcuna musica, accompagnati solo dal ritmico scandire del tamburello, occuparono la pista e, sotto gli occhi dei passeggeri increduli, formarono una serie di figure ripetute e opposte, che si specchiavano tra loro come le due esatte metà di un cristallo, o l'inverso inserirsi dei petali di un fiore intorno al pistillo; si sparpagliarono poi con noncurante ordine, restando per alcuni istanti immobili, in bilico su una gamba sola o con le braccia in alto, rompendo le file per serrarsi un'altra volta al centro e, serratisi, riesplodevano in una diversa figurazione, in figurazioni in piedi e a terra, oppure composte in aria da una piramide di corpi.

Durante quei pirotecnici spostamenti persino il tamburello tacque, cessò di battere. Non c'era alcun rumore nella sala eccetto il risucchio dei loro piedi scalzi sul linoleum della pista e gli attutiti tonfi che provocavano cadendo. Non c'era alcun rumore, nessuno parlava, neppure i cani fiatavano. Tutti fissavano quei trenta ballerini che da ormai più di un'ora riposati e freschi volteggiavano nel centro della pista, quei ballerini che danzavano senza una fronte madida, un respiro più svelto, con sonnolenta grazia, come se stessero dormendo.

Fu proprio a causa di quella concentrata attenzione, credo, che sulle prime nessuno si accorse che stava per succedere qualcosa che presto avrebbe interrotto lo spettacolo. A me, invece, il sospetto che non tutto andasse per il verso giusto mi venne non appena udii levarsi alle mie spalle il tintinnio lieve e continuo delle bottiglie; e il sospetto si mutò in certezza nel momento esatto in cui percepii sotto i miei piedi il pavimento inclinarsi e scivolare dolcemente da una parte e dall'altra. Comunque nella sala tutto proseguì liscio per ancora una mezz'ora. Soltanto quando un'onda più alta delle altre superò il parapetto del ponte e s'infranse con violenza contro gli oblò del dancing, alcuni dei passeggeri allungando il collo dalla poltrona esclamarono stupefatti: «Piove» e l'alana, avvolta nella tuta nera e gialla in volto, si alzò allontanandosi verso l'uscita con passi silenziosi e ampi, mentre l'ammiraglio, come se fosse già sul ponte tra le sferzate della tempesta, balzò in piedi e rivolto ai suoi allievi gridò: «Ragazzi, sento odor di racco!»

A quel punto dagli oblò della nave, in luogo del cielo stellato, si vedeva solo il ribollio dell'acqua e la spuma minacciosa e bianca della cresta delle onde che mugghiavano tuonando intorno. La nave, divenuta ormai instabile e leggera come un guscio di noce, senza pace saliva e scendeva tra di esse, precipitava rimontando con noi impotenti racchiusi dentro. Dopo una ventina di minuti di quel trambusto solo i due veri cani seguivano lo svolgersi del balletto sulla pista perché gli uomini correvano tra il dancing e il ponte tenendosi con una mano la pancia, con l'altra la gola o la bocca e poi tornavano indietro, sedendosi nuovamente come se niente fosse successo. Quella composta indifferenza in ogni caso durava poco. Quasi immediatamente il vomito s'inerpicava prepotente su per la gola e dovevano scappare all'aria aperta un'altra volta.

Fu proprio durante quel frettoloso andirivieni che il secondo ufficiale entrò in sala serafico, stringendo sotto il braccio un giubbotto gonfiabile e il balletto che fino a quell'istante, imperturbabile, aveva continuato a esibirsi, piroettando ora su una gamba, ora sull'altra, abbandonò il dancing. Allora l'ufficiale raggiunse il centro della pista e lì, con gesti pacati e lenti affinché tutti comprendessero il procedimento, gonfiò il salvagente. La sua rassicurante esibizione, però, non fu vista da nessuno o quasi perché ormai nella sala da ballo, oltre a me erano rimasti solo l'ammiraglio e i suoi allievi.

Alticcio e imperturbabile stava spiegando loro l'importanza idrodinamica del bulbo della nave, di quel bulbo che pare il muso di un delfino. E mentre lui, con voce rauca proseguiva descrivendo i dettagli tecnici io, in bilico tra il tostapane e il frigorifero, mi domandavo dove mai fossero spariti i miei clienti. Me lo chiesi, ma non ebbi il tempo di rispondermi poiché subito o quasi dallo stomaco salì anche a me un conato di vomito e, per farlo retrocedere, fui costretto a sporgere il capo fuori dall'oblò più vicino. E, proprio quando boccheggiavo da lì come un ghigliottinato, vidi dov'erano finiti gli altri passeggeri: inseguendosi sui ponti a passo di bolero o di gavotta volteggiavano goffamente tra gli schizzi delle onde, volteggiavano da soli e in coppia, accompagnati dal sibilare del vento, sulle note inesistenti di un valzer o di un charleston. Di minuto in minuto vi fu un numero sempre più grande di ballerini volontari. Ai passeggeri, infatti, si aggiunsero anche alcuni membri dell'equipaggio, l'addetto alla cambusa e lo chef di sala, l'infermiera e il marconista. S'inserirono danzando in punta di piedi, sventolando le mani in alto, danzarono così finché un'onda grande quasi come un colle piombò contro lo scafo.

Allora, sbattendo la nuca o il mento, tutti cascarono a gambe all'aria, cascarono loro e cascai anch'io, urtai con i denti contro il banco d'acciaio e, un istante dopo, quando seduto a terra mi tastavo le gengive per controllare che non vi fossero ferite, si accesero gli altoparlanti e una voce ordinò: «Tutti alle pompe di sentina!» Disse tutti ma credo che non ci andò nessuno perché lo scafo, sempre più svelto, come un cavallo ferito a morte cominciò ad

adagiarsi su un fianco. A quel punto, riaffacciando-
mi all'oblò, mi accorsi che con l'impatto dell'onda
gli animali erano usciti dal rimorchio. Mischiato ai
ballerini, vidi passare l'elefante indiano con la sua
massa prepotente e goffa e, dopo di lui, incerti sugli
zoccoli, scivolarono davanti ai miei occhi gli impala
e i guanachi, i lemming e l'oritteropo e, mentre i
lemming correvano felici da un lato all'altro del
ponte, perché l'imminente naufragio altro non era
che il compiersi perfetto della loro retta, con passi
lenti ultimo in coperta giunse il bradipo.

Soltanto allora io, che assieme all'ammiraglio e ai
suoi allievi ero l'unica persona ancora ferma, compresi che la fine era tremendamente prossima e che
dunque la cosa più urgente da farsi, per non essere
risucchiato in quel gorgo di deleteria follia, sarebbe
stata quella di cercarsi una via di salvezza indipen-
dente. Con fredda determinazione pensai quindi
che, eliminando tutti gli ostacoli dalla mia strada,
avrei dovuto raggiungere le scialuppe di salvataggio
e poi, calatane una di queste in acqua, avrei dovuto
allontanarmi svelto da quel bastimento. Allontana-
tomi qualche miglio dalla tempesta sarebbe stata
una cosa da nulla, con la forza dei remi o l'inerzia
della vela, dirigersi verso terra.

Così, senza indugiare neppure un istante, mi sporsi dal banco verso l'oblò per cogliere il momento
esatto in cui la frenetica danza, allentando le sue
maglie, mi avrebbe permesso di fuggire senza intop-
pi verso le scialuppe. In quei minuti d'attesa sentii
in sottofondo l'ammiraglio far lezione ai suoi allievi;
li interrogava sul rapporto tra un sistema di energia
cinetica e un sistema di turbamento, su quale fosse

il cinetismo di un vortice e quale quello di un torna-
do vero e proprio e, mentre li interrogava come se
fossimo stati al sicuro nel tepore di un'aula, senza
mai perdere di vista il ponte, dentro di me mi chiesi
perché mai fossero usciti tutti di senno a quel modo
e mi chiesi anche se, per caso, anche l'arco della mia
parabola, dopo tutto il trambusto dei mesi precedenti, dovesse interrompersi in modo così improvviso e vano.

Proprio mentre mi stavo rispondendo che sarebbe
stato sciocco arrendersi al destino e abbandonare
quella meta per cui da tanto tempo ero in viaggio,
nel balletto sul ponte s'aprì un varco e subito, con
il furore di una pantera, schizzai fuori dal banco per
raggiungere l'uscita del dancing. Fu una corsa di
breve durata. Quando mi trovavo pressappoco al
centro della sala, con un'agilità imprevista, l'ammiraglio mi balzò addosso, mi afferrò con un braccio
intorno al collo, con l'altro intorno al busto e, dopo
avermi sbatacchiato avanti e indietro un paio di
volte, nonostante gridassi che ero soltanto il barman
notturno, mi smaccò violentemente su una poltrona.
Non so se mi aggredì così credendomi un suo allievo
che in preda al panico stava fuggendo o se invece fu
il destino ad agire tramite le sue mani. So solo che,
a un tratto, mi fu chiaro che, a causa di un incalco-
labile incidente di percorso, ero ormai perso assieme
a tutti gli altri. Ero perso assieme a chi danzava e a
chi stava fermo, visto che il fortunale non accennava
affatto a diminuire mentre lo scafo, sempre meno
impercettibilmente, continuava a inclinarsi.

Pensai allora che quelli erano gli ultimi istanti in
cui, nella mia breve esistenza, avrei potuto osservare

sopra di me le stelle perché con ogni probabilità in un paio d'ore saremmo giunti anziché in porto tra le sabbie melmose del fondo. Scendendo, per il tempo individuale di resistenza del cuore e dei polmoni, ci saremmo guardati negli occhi con i saraghi e le sardine; poi ci avrebbero guardato soltanto loro giacché le nostre palpebre, simili a sipari, si sarebbero chiuse su quell'ultima scena che altro non era che un balenio di alghe, di differenti code e scaglie. Allora non avremmo più visto né sentito niente, neppure lo sbocconcellio sul corpo delle bocche degli sgombri e dei polpi e di tutti noi in breve, immerse in quel silenzio impressionante, sarebbero rimaste solo alcune ossa rannicchiate nelle poltrone o i femori divaricati nell'atto di spiccare un salto.

Con questa immagine smisi di pensare e, non potendo far altro che attendere, per distrarmi cominciai ad ascoltare le parole dell'ammiraglio. Stava chiedendo ai suoi ragazzi quale fosse la massima forza d'urto che potesse sopportare uno scafo di quelle dimensioni e quali fossero i segni premonitori della tempesta sul radar e quali quelli da inviare per una richiesta di soccorso. Chiedeva loro tutto questo mentre stavamo affondando e nessuno aveva il coraggio di interromperlo perché ormai era evidente che anche la sua ragione, come un maggiolino dalle elitre dorate, s'era involata fuggendo in spazi più ampi.

Così, quando di punto in bianco si mise a parlare del tzunami, dell'onda gigante, nessuno disse niente, tacemmo tutti quando, gesticolando, spiegò che quella montagna d'acqua sorgeva sempre con il cielo terso e senza un alito di vento e forse scaturiva dall'attrito tra due scaglie e forse dal nulla e che, così come non si conosceva la sua origine, altrettanto non si conosceva né si poteva prevedere la sua rotta. Da quando il mondo era mondo, quelle onde vagavano per gli oceani come stalloni bradi, mutando direzione a seconda del capriccio del momento e s'abbattevano sulle cose con scrosci imprevedibili e assassini per poi lasciarsi alle spalle più nulla di tutto ciò che poco prima c'era e un mare liscio e quieto come l'olio. Così, chi da lontano con un cannocchiale le aveva viste sorgere dal nulla e galoppare nel silenzio, restava sospeso nel dubbio che si fosse trattato di un effetto della rifrazione ottica oppure di un incubo da svegli. E non era raro, infatti, che l'onda gigante, simile a un terribile accumulo di distruzione, comparisse davvero anche nei sogni dei marinai e di tutti gli uomini.

Appariva nella frazione di secondo esatta che precedeva il suo crollo ed era talmente spaventosa nel momento preciso in cui arricciava la candida spuma della cresta che chi stava dormendo si svegliava di soprassalto, gridando; gridava certo di aver avuto un incubo, un incubo come tutti gli incubi, privo di volto e di forma o con tutte le forme possibili, senza un inizio o una fine, né una storia per raccontarlo.

Anche se al mattino nessuno riusciva più ad averne memoria per più di un paio di secondi, tuttavia lui era certo o quasi che quell'ombra incombesse da sempre sul sonno degli uomini e dei bambini, su quello dei vecchi. Doveva esistere fin da quando, in un'alba dei primordi, i raggi ultravioletti, attutiti dalla fascia di ozono, avevano raggiunto il suolo e sfiorato gli aminoacidi spersi nelle pozze d'acqua e quelli, per l'improvviso tepore, in maniera scomposta, solo apparentemente scomposta, avevano cominciato a muoversi.

In realtà, senza alcun motivo o guida apparente, si erano aggregati gli uni con gli altri, tra tutti i modi possibili in quello più perfetto, in modo così perfetto che di lì a poco, nelle stesse pozze, erano nate le macromolecole. E anche quelle quasi per certo avevano l'incubo, dovevano essere molecole pressappoco insonni perché non avevano chiesto di nascere eppure, aderendo vicendevolmente con minimi errori e grandi successi, erano nate lo stesso e temevano quel moto privo di ragione, quell'unirsi senza meta in forme e strutture via via più complesse. Con dentro quell'ombra, formando membrane e dilatandole, erano poi cresciute fino a divenire cianoficee, schizomiceti, felci e anche le cianoficee, gli schizomiceti, le felci, avevano avuto l'incubo e si erano interrogati su quel moto per talmente tante migliaia di anni che alla fine la domanda, passando da fruscio in sibilo, da sibilo in cinguettio, da cinguettio in bramito e da bramito in voce, s'era affievolita fino a spegnersi. Si era spenta ma non era scomparsa perché quell'insoluto enigma incombeva ancora sulla quiete del sonno, nelle pause di silenzio solitario.

E dunque, proseguì l'ammiraglio passeggiando davanti a noi con lo sguardo perso, sebbene le tempeste come quella in cui ci trovavamo fossero cose terribili a vedersi, non c'era da aver paura di nulla perché ogni moto aveva una sua causa e un suo preciso effetto e usando le astuzie della tecnica, nella gran maggioranza dei casi, in qualche modo si poteva porvi rimedio.

Non era così quando invece di trovarsi su un ponte sferzato dai flutti, ci si trovava in plancia in una notte di guardia e il mare si estendeva intorno come una plaga oscura e piatta nella cui lontananza balenavano i dorsi argentati dei cetacei.

Era proprio in quelle notti che si rispecchiava sull'acqua l'algido e distante luccicare delle stelle, di Algool con i suoi binari spostamenti, del Cocchiere, di Perseo e Cassiopea e, con lo sguardo rivolto verso il cielo, si poteva vedere morire un astro convergendo la sua massa verso il centro e si poteva udire, nell'immenso silenzio, lo scricchiolio delle orbite, la brezza leggera della rotazione delle sfere, della nostra sfera, di quella sfera su cui eravamo sospesi con il vuoto a prua e a poppa. Naturalmente, grazie agli strumenti, si sapeva benissimo in quale direzione volgesse la rotta ma era come se non si sapesse, pareva di essere fermi e che la prua divaricasse i flutti in due metà esatte senza andare da nessuna parte. In quegli istanti ogni movimento era immobile tranne quello delle orbite; cigolavano, infatti, come tante finestre sospinte dal vento sui cardini, smorzandosi appena in prossimità dell'afelio e del perielio, intensificandosi nei punti di distanza minima dalla traiettoria terrestre.

Solo allora, smarriti in quel gioco di forze segrete che si attiravano e respingevano allo stesso tempo, nel comprendere che lì, in quel gioco, si era inseriti per una frazione di secondo minima, si poteva davvero venir assaliti da un incontrollato sgomento e uscire di senno. E probabilmente, dai tempi dei tempi, da quella notte di bonaccia degli albori in cui, senza essere richiesta, era giunta la prima paro-

la, sarebbero impazziti tutti i marinai, tutti i viandanti, tutti coloro che si fossero fermati a contemplare il cielo per più di un attimo. Sarebbero impazziti loro e anche tutti quelli che, indagando, scoprivano che dietro ogni mistero risolto ce ne era un
altro da risolvere. Sì, sarebbe stato un gran mattio il
mondo se, nel secondo in cui si stagliava l'idea che
non c'era alcun senso, subito altrettanto chiara non
fosse comparsa l'idea che tuttavia ci poteva essere
un sentimento e che era proprio quello il rumore di
fondo del mondo, ciò che permetteva di muoversi in
quel tempo breve con occhi curiosi e attenti e l'aerea grazia degli acrobati.

Parlò così l'ammiraglio ma quale fosse quel sentimento né io né gli allievi lo sapemmo perché quando guardandoci a uno a uno negli occhi lo pronun-
ciò con sillabe staccate e lente da sotto il ponte si
levò un pauroso schianto.

Allora mi aggrappai alla poltrona e dissi tra me e
me: «Addio America e tutto il resto...»

Un momento dopo nella sala gracchiò l'altopar-
lante e ordinò a tutti di recarsi quanto prima sul
ponte più alto.

7.

Invece giungemmo in porto. Vi approdammo al-l'alba del giorno seguente accompagnati da due ri-morchiatori massicci e tozzi che salutarono il nostro ingresso con ripetuti fischi di sirena. Vi giungemmo e, se vi giungemmo, non fu per un improvviso quan-to incredibile placarsi dei flutti ma perché davvero qualcuno, mentre sul ponte imperversava il balletto e io architettavo la fuga, al primo appello del co-mandante era sceso nelle stive e aveva azionato le pompe di sentina. In quelle ore il capitano cosciente e lucido era rimasto in plancia. Da lì, grazie al radar, si era orizzontato in quell'atmosfera tempestosa e buia e, con manovre precise, aveva diretto la nave verso il porto, senza che nessuno se ne accorgesse, parlando via radio a voce bassa con la capitaneria di porto, azionando i bootraster, premendo cinque o sei pulsanti nella sala del comando.

Solo nel momento in cui era stato certo che la falla era ormai scesa sotto la linea di galleggiamento e che dunque non erano più sufficienti le pompe per tenere le stive sgombre, tramite gli altoparlanti si era fatto vivo e, dicendo con tono pacato: «Tutto in mare ciò che non serve!» aveva dato ordine di gettare fuori bordo la zavorra. A quelle parole il balletto aveva rallentato il passo, aveva proseguito più lento, bloccandosi nel bel mezzo di un salto incrociato e, al secondo annuncio, si era fermato proprio, era rimasto lì immobile come se fosse stato colpito negli occhi da un lampo di magnesio. Poi i ballerini avevano raggiunto le cabine di corsa uscendone poco dopo con le braccia stracolme di oggetti e, divisi in due file, sotto una pioggia rada e gelata, si erano recati a poppa e a prua e avevano buttato a mare tutto ciò che non era necessario.

Allora, con tonfi diversi e diverse traiettorie, erano precipitati in acqua sacche e valigie, beautycase e cappelliere, tutte le pentole, le casseruole e i piatti delle cucine, erano precipitati le merci dei container, le ancore e decine di chili di catene arrugginite, i bicchieri, le scacchiere, i mazzi di carte e un'infinità di altre cose. Quando tutti si furono liberati di tutto, rimase da gettare a mare soltanto l'elefante indiano, lo si doveva gettare affinché la falla riuscisse a emergere dall'acqua ma nessuno aveva il coraggio di farlo. Così, dopo alcuni minuti di indecisione, gli era stato posto intorno al collo un salvagente bianco e rosso collegato da una robusta corda a un argano e, spingendolo in più di dieci per uno scivolo d'acciaio, lo si era fatto precipitare in mare. Nello stesso istante in cui il suo dorso rugoso con un forte tonfo e alti spruzzi era scomparso tra la spuma dei flutti, lo scafo caracollando si era sollevato della distanza necessaria per fare emergere la falla e appena la falla era stata fuori anche il pachiderma era emerso nuovamente e, agitando le zampe come un cane, aveva cominciato a nuotare a fianco della nave.

Alle prime luci dell'alba, tra la foschia era comparso in lontananza il profilo dell'isola e il lampeggiare verde e rosso dell'ingresso del porto. Dalle dighe frangiflutti poi erano sbucati due rimorchiatori e, mentre loro ci venivano incontro, allo scafo s'affiancarono dei delfini saettando dentro e fuori dall'acqua. Tutti i passeggeri, con i gomiti puntati sul parapetto, nel vederli avevano sorriso, li avevano indicati con una mano tesa esclamando: «I delfini, i delfini!»

Il «Socrates» rimase fermo nel bacino di carenaggio per più di una settimana; poi, in un fresco mattino d'autunno, suonando due o tre volte la sirena in segno di saluto, levò l'ancora, mollò gli ormeggi e salpò e io, che non ero a bordo poiché, dopo tutto quello che avevo fatto, mi sarebbe stato impossibile tornare nel luogo da cui ero partito, seduto su un promontorio di calcare lo guardai allontanarsi dalla costa.

Non lo persi di vista finché, superate di un miglio le dighe, non virò su se stesso e porse all'isola anziché il fianco, la poppa e quella poppa via via divenne poco più grande di una biglia di vetro, divenne così piccola che nel volgere di un minuto, sparì nel nulla, fagocitata dall'illusoria linea dell'orizzonte.

Allora con passi lenti e accompagnato dallo stridio di tre o quattro gabbiani in volo mi avviai in direzione del paese.

Durante le settimane seguenti, in attesa di una nave o di qualsiasi altro mezzo che mi portasse verso l'America, trascorsi il mio tempo passeggiando. Passeggiai da solo e senza alcuna fretta sulle falesie frastagliate e candide, tra la vegetazione profumata e fitta, tra le tamerici e i mirti e le gialle fiammate degli arbusti di ginestra.

I primi giorni in quelle passeggiate solitarie e lunghe fantasticai molto sul mio imminente approdo in America, sul modo in cui lì avrei cominciato una nuova vita, e poi, quasi impercettibilmente fantasticai sempre di meno. Con il tempo, infatti, lo sciabordio continuo delle onde unito al sibilo del vento, simili a una specie di strano silenzio mi entrarono dentro, e allora, la corrente dei miei pensieri, come se si fosse sfilacciata la guarnizione di un cavo elettrico, cominciò a giungere con flusso intermittente, con illuminazioni improvvise, con repentini oscuramenti.

Sempre più spesso presi a trascorrere le mie giornate disteso sulla spiaggia. Stavo lì con le braccia distanti dal corpo e, pescando con le mani nello spessore della battigia, raccoglievo ciottoli, e a uno a uno, allargando le dita, li facevo cadere a terra e mentre cadevano ascoltavo il chiocchiolio delle diverse fini delle loro traiettorie. Lo ascoltavo con i piedi lambiti dalle onde come se fossero stati le radici di un tronco marcescente scaraventato lì dalla brutalità cieca di una tempesta.

Ed ero davvero un tronco in quegli istanti, un tronco ancora attraversato dalla linfa nelle fibre più recondite; circolava al mio interno turbinando quella linfa e, tra un gorgo e l'altro, faceva emergere il volto di Ilaria, quel volto che senza vedere era visto e la faccia da perfido coniglio di Spartaco e, dopo di loro, il corpo di Oskar riverso in un cespuglio e il torace nudo e peloso del barone Aurelio e ancora, la splendida facciata del maniero di cartone, di quel castello assediato che non era mai esistito in alcun posto che non fosse la mia testa. Emergeva tutto così, dietro i miei occhi chiusi, come da una polla d'acqua o da un geyser, emergeva una cosa e, subito dopo, un'altra e dopo ancora niente, niente poiché tra un'immagine e l'altra sempre più spesso presi ad assopirmi.

E un giorno, quand'ormai vivevo nell'isola da quasi un mese, nelle sfuggenti pause tra la veglia e il sonno, negli istanti in cui ancora non dormivo e neppure ero sveglio, cominciai a pensare ciò che non avevo mai pensato prima, pensai che Oskar non era morto affatto, che non l'avevo colpito o l'avevo colpito soltanto di striscio, e pensandolo, mi venne il sospetto che lui non fosse mai esistito e che tutto il mio viaggio non fosse stato altro che un sogno con gli occhi aperti, un incubo pieno di voci e variopinto compiuto mentre me ne stavo disteso quietamente nella buca tra la gloriette e i tigli. Nello sforzo di ricordare dettagli più precisi, un'altra volta sprofondai nell'incoscienza, e il mio corpo si staccò da terra, come se non vi fosse più alcuna filigrana di piombo e simile a un involucro di elio prese a volare tra le nubi vaporose e i cumuli; da lì, poi, raggiunsi la fascia di ozono e andai oltre, fuori, nello spazio in cui cadendo spariscono le stelle. Purtroppo non ne vidi neppure una perché non era la stagione giusta, non vidi le stelle ma vidi sotto di me la minuscola sfera della terra, metà chiara e metà scura, che se ne stava laggiù tutta sola, timidamente persa a passeggio per l'universo.

A quel punto, seppur così distante, ebbi l'impressione di percepire l'odore dei campi bagnati dalla pioggia a primavera, e vidi cadere dall'alto verso il basso gli amenti dei noccioli e i semi schiudersi nel suolo e crescere i germogli dal basso verso l'alto con prepotente sforzo. Vidi questo e vidi anche, su un prato non lontano, una pecora leccare teneramente sul muso e sugli occhi il suo agnellino appena nato, lo lambì in quel modo finché lui, barcollando incerto, non si levò sulle sue stesse zampe, per poi ricadere.

Portandomi sull'emisfero opposto, vidi, in luogo degli amenti, cader le foglie, cadevano lente e svelte, ognuna con una sua propria traiettoria e, una volta a terra, subito venivano coperte dal bianco turbinare di una tormenta; lì, nel mezzo di un bosco, dentro un noce, credetti persino di scorgere Lucrezio. Dormiva tra il muschio e i gherigli con la coda posata sugli occhi, dormiva ma io decisi di interrogarlo lo stesso e, proprio mentre stavo pensando a cosa mai ancora avrei potuto chiedergli, se il numero dei granelli di sabbia o perché mai esistesse la filigrana di piombo, a un tratto un forte rombo alle mie spalle mi svegliò di soprassalto e mi fece precipitare giù dagli spazi più ampi.

Nell'aprire gli occhi constatai subito che ero di nuovo a terra, che stavo lì aderendo con la schiena al suolo irresistibilmente attratto da essa, e constatai anche, poco dopo, che sulla parte di spiaggia alle mie spalle, da un minuto o meno era atterrato un aeroplano.

Allora mi alzai e gli andai incontro e, avvicinandomi quello che all'inizio era stato un inconfessabile sospetto si mutò via via in una certezza. Non si trattava infatti di un charter, di un antincendio o qualcosa del genere. No, quell'aereo era proprio quello che avevo atteso così a lungo e invano, l'aereo dell'archeoaviatore Arturo.

Anche lui, comunque, appena uscito dalla carlinga, vedendomi avanzare subito mi riconobbe e alzò una mano in segno di saluto, l'alzò lui e l'alzai pure io, lo salutai esclamando: «Eilà!» e lui rispose: «To', chi si vede, il custode del giardino!» Poi, stiracchiandosi mi domandò cosa mai facessi su quell'isola, se per caso ne fossi divenuto il custode botanico e io gli dissi che non ero più il custode di niente, che mi trovavo lì da circa un mese in attesa di qualche mezzo che mi conducesse dove da sempre dovevo andare, cioè in America, nel paese dove tutto poteva accadere.

A quel punto, com'è ovvio, avrei voluto interrogarlo io, avrei voluto chiedergli quale fosse stato l'esito della seconda spedizione in Sicilia ma non feci in tempo perché lui, rimontato a bordo, mi gridò che ero un ragazzo fortunato davvero perché era proprio in America che lui adesso era diretto e, con un cenno sbrigativo della mano, mi invitò a salire sull'aereo. Decollammo in silenzio. Io stavo seduto dietro e lui davanti e, quasi subito, l'aereo virò verso sinistra e vidi allontanarsi da me l'isola come poco prima, nel sogno, da me si era allontanata la terra. La vidi scomparire e poi intorno a noi vi fu soltanto la distesa sfavillante e piatta del mare.

Continuammo il volo senza mai parlare per più di un'ora. In quell'ora io dieci volte e cento avrei

177

voluto chiedergli se era riuscito a scoprire quel numero così grande e così perfetto, quel numero che quasi non aveva fine. Glielo volevo chiedere ma non osavo disturbarlo perché, già dopo il decollo, aveva aperto il computer acustico e con le orecchie tese stava aspettando che comparissero le prime sillabe.

Per parecchio non si sentì niente, eccetto le imprecazioni sparse di alcuni uomini intenti alla pesca. Poi, all'improvviso, nel bel mezzo di una nube bianca e turgida, si cominciò a udire sopra un frastuono confuso, uno scalpiccio lesto di corse e di salti, di cadute.

Nel primo minuto non compresi affatto cosa fosse, pensai che poteva essere il rumore delle colonne d'Ercole, di tutti coloro che, senza varcarle, vi erano colati a picco, oppure il verso di qualche creatura del mare, delle sirene ad esempio; lo pensai fino a che risuonò nella carlinga una voce che parlava dell'aerea grazia dei funamboli.

In quell'istante Arturo accese il monitor e apparve la parte del discorso dell'ammiraglio che avevo perso, poco prima del rischiato naufragio, a causa del sovrapporsi dello schianto.

La parte del discorso che mancava, in realtà, era soltanto un nome, il nome di quel sentimento che, nonostante tutto, permetteva di andare sempre avanti con occhi curiosi e attenti. Si formò con lentezza quel nome, si formò una lettera appresso all'altra, quasi esitando e appena dopo una trentina di secondi apparve interamente scritto sullo schermo e lì rimase fermo, lampeggiando con i suoi cristalli verdi. Allora sorridemmo entrambi, io e il pilota Arturo, poi scoppiammo a ridere proprio; e mentre ancora ridevamo il muso del velivolo sforò la nube.

Esteso, e solo apparentemente infinito, davanti a noi si aprì l'oceano.

LA DORMEUSE ÉLECTRONIQUE

Brano della prima stesura del romanzo ritrovato tra le carte dell'autrice.

Invece, poiché le cose non accadono sulla terra con lo stesso moto rigido e prefissato con cui gli oggetti dall'alto vi cadono sopra, un giorno, senza avvertire né chiedere il permesso, alla villa era giunto dall'America uno zio. Lo zio Isacco, il re della dormeuse électronique.

Che sia stato proprio lui a innestare il moto nella mia stasi, naturalmente, ne sono certo ora. Lo so adesso che, ancora incredulo, mi trovo chiuso nella toilette di un treno ma quella volta, quando sonnecchiando dietro la glorietta, con le braccia incrociate sul ventre, avevo udito il campanello riecheggiare nell'aria, il dubbio non mi aveva sfiorato. Non mi aveva sfiorato al trillo e neanche quando, sollevando la testa dalla buca, avevo scorto avanzare lungo il viale un ometto tozzo, vestito di scuro con un panama in testa e orecchie enormi. L'avevo visto comparire e procedere verso le nonne sorridendo, con passi oscillanti e lenti, tenendo anzitempo le braccia per accoglierle.

Non appena lo zio e le nonne erano spariti all'interno della villa io, per un paio di minuti, avevo prestato attenzione a quell'inaspettata visita, concentrandomi non sullo zio Isacco ma sull'oggetto di cui era sovrano: la dormeuse électronique.

Cosa fosse una dormeuse infatti, lo sapevo benissimo; noi stessi in salotto ne possedevamo una. Era un divanetto della lunghezza di un corpo disteso, di tessuto trapunto, bordato alle testate da due tondeggianti sponde di legno. Un divanetto insomma, concepito non per i sonni ottusi e grevi della notte ma per i freschi e brevi sonnellini pomeridiani e di metà mattino.

Sapevo benissimo che cosa fosse e, nelle giornate di neve e di pioggia l'avevo anche sperimentata diverse volte. Ciononostante, non ero riuscito a farmi un'idea di cosa mai potesse essere una dormeuse électronique.

Pensando e ripensando, comunque, poco prima di pranzo un'idea vaga ero riuscito anche a farmela; mi ero fatto l'idea che altro non potesse essere che un divano fornito di leve, di bottoni e di pulsanti, di un tachimetro anche. Un divanetto semovente, che permetteva di spostarsi dormendo e così, con quell'accattivante idea in testa, fantasticando sui suoi possibili usi, avevo raggiunto le nonne e lo zio nella stanza da pranzo.

Lì, a tavola, era accaduto tutto o quasi. Era accaduto che, alla fine di un tediosissimo pranzo durante il quale, per non addormentarmi, ero stato costretto a contare le briciole sparse sulla candida tovaglia e a suddividerle in diverse etnie come se fossero le popolazioni di un atlante, di punto in bianco lo zio si era alzato e, dirigendosi verso di me, con voce roboante aveva esclamato: «Senz'altro il giovanotto mi accompagnerà in giardino a fare quattro passi digestivi!» Prima che io avessi avuto il tempo di oppormi, il suo braccio, con la siderea caparbietà di una tenaglia, si era avvolto intorno al mio e mi aveva trascinato in giardino.

In mezzo ai bossi e ai pitosfori, poi, si era concluso il resto, cioè la fine o l'inizio della storia. Era accaduto, infatti, che lo zio, dopo aver fatto tre o quattro giri del parco, fermandosi bruscamente mi avesse chiesto cosa mai avessi voluto fare da grande e che io, non avendo alcuna intenzione di rispondere, poiché mai mi ero posto il problema, per sviare ulteriore domande, avevo risposto la prima cosa che mi era venuta in mente, avevo detto: «Il chimico.» Non so per quale motivo avessi risposto a quel modo. Non so, forse perché nello stesso istante in cui me l'aveva chiesto avevo visto davanti a me, divorata dagli afidi, afflosciarsi la corolla di una rosa. Comunque lo dissi e, subito lo zio, alzando di poco il braccio grassoccio dal corpo, evidentemente entusiasta della mia scelta, aveva iniziato un logorroico sproloquio. Così, parlando concitatamente, senza lasciarmi il tempo di aggiungere che non era per nulla vero, lo zio aveva preso a raccontarmi che anche lui da ragazzo, suppergiù alla mia stessa età, aveva pensato di fare il chimico, che gli era venuto in mente di farlo innanzitutto per l'armonia di suono e forma degli elementi primari, del tellurio, del glicinio, del tantalio; che gli era venuta quell'idea per i nomi e che poi, approfondendo le nozioni, scoprendo che ogni parte infinitesimale, come la terra intorno al sole, compie intorno al nucleo un'orbita certa e che noi, dunque, nonostante l'apparente immobilità, vivevamo in un brulichio di movimenti, in un groviglio di rotte grandi e piccine, quell'epidermico fascino si era mutato in una certezza. Nella certezza che tra quei moti perpetui ci si sarebbe potuti perdere o trovare per sempre. E avere quella certezza e decidere che nella sua vita non avrebbe voluto far altro che indagare sull'invisibile che si scindeva ricomponendosi, su ciò che pur non essendoci c'era, sulla nostra magnifica prigione di orbite ed elettroni, per lui ragazzo era stato come compiere un solo respiro.

Ovviamente, tutta quella peripatetica chiacchiera io l'avevo ascoltata con un solo orecchio, poiché le sue passioni giovanili non mi interessavano per niente. L'unica cosa che mi stava a cuore, in quegli istanti, era tornare quanto prima nella buca; tornare lì e da lì, come sempre, disteso tra il terriccio e le foglie, attendere che calasse il crepuscolo, che una dopo l'altra le sagome degli oggetti si stemprassero nel quieto ed uniforme manto notturno. Mi interessava quell'unica cosa e, ogni volta che, durante un giro, eravamo passati davanti alle gloriette o sotto i tigli io, come un cane che ha scorto dall'altro lato del marciapiede qualcosa di interessante, con strattoncini lievi avevo tirato lo zio verso la buca. L'avevo tirato sì, ma forse con troppa grazia, con troppa cauta delicatezza; l'avevo tirato con talmente tanta cauta delicatezza che lui non se ne era affatto accorto. O, se se ne era accorto, aveva scambiato quegli strattoncini flebili per cenni di cortese approvazione.

Così, seppur neanche una volta avessi detto: «Ah, sì? Interessante... E poi?», seppur avessi taciuto durante il giro del parco a destra e durante quello a manca, lui, imperturbabile, proprio mentre stavamo passando in prossimità dei tigli, con le guance leggermente rosse per la congestione digestiva, aveva cominciato a raccontarmi per quale motivo non avesse fatto il chimico. A raccontare cioè da capo a coda tutta la sua storia e quella del suo impero, l'impero della dormeuse électronique.

Infatti, se non si era dedicato l'intera vita ad indagare ciò che pur non essendoci c'era, l'invisibile che si scinde ricomponendosi, non era stato certo per una sua vacuità di carattere o a causa di qualche nebbia che, avvolgendogli tutt'a un tratto le meningi, lo aveva fatto agire come un anemometrico galletto, cambiando idee e progetti a ogni mutar di spinta della brezza, no. Se aveva deviato i suoi passi dal piano iniziale era per uno ed un solo motivo, perché spesso, nella nostra magnifica prigione di orbite ed elettroni, s'inseriscono le maglie slabbrate della storia – della propria o di quella del mondo intero –, e in quelle maglie, disordinate e imprevedibili, senza averlo voluto o senza accorgersene ci si casca dentro.

A lui era accaduto proprio così. Era accaduto che quando non aveva ancora vent'anni l'industria paterna, un'industria di pitture per carene e scafi, aveva avuto un rovescio di fortuna; era fallita o quasi in men che non si dica. Tutto a un tratto, quelle vernici repellenti che per tanti anni da tutte le navi del mondo avevano respinto ogni tipo di barbe di cane e di molluschi, ancora non si sa perché, se per un'inversione nella formula chimica o per un mutar del gusto e dell'olfatto delle alghe e dei molluschi, anziché allontanarli avevano cominciato ad attirarli. Le prime a giungere richiamate da quell'intruglio divenuto all'improvviso un nettare, erano state le alghe e le patelle, poi, con il tempo, con lo spargersi di quella voce di fondale in fondale, a loro si erano aggiunti anche i mitili e le barbe di cane, le remore, i gattucci, le spigole e i saraghi; erano giunti pesci e molluschi a frotte. Ne erano giunti talmente tanti che, ben presto, le navi, con quell'ittico carico sotto il pelo d'acqua, avevano cominciato a beccheggiare. Avevano cominciato prima a beccheggiare e poi a non seguire più la rotta, poiché quelle centinaia e centinaia di pesci ancorati con le loro boccucce allo scafo, dimenando le pinne ventrali e le caudali, dimenando la coda, conducevano la nave dove volevano loro.

Era accaduto così che le navi che stavano percorrendo la rotta dei tropici si trovassero, tutt'a un tratto, all'Antartide e che quelle della Groenlandia scivolassero nel mar dei Caraibi. Era accaduto insomma, che tutti i mari, per un mese o meno, fossero solcati da vascelli fantasma. Non appena il primo di essi, più per caso che per volontà, era giunto in un porto, era stato subito chiaro a tutti che la causa di quell'inspiegabile deriva, di quello scorrazzare incontrollato, era solo e soltanto quella succulenta vernice.

Allora, tutte le navi che ancora circolavano per i mari erano state tirate a secco, erano state raspate e ritinte con un'altra vernice e in men che non si dica anche la sua famiglia era piombata sul lastrico.

Lui però, non essendo per inclinazione un tipo di quelli che piangono sui rottami, su ciò che c'era e non c'è più, dopo il rovescio, prima ancora che le erbacce crescessero tra i capannoni della fabbrica, aveva deciso di andare da un'altra parte alla ricerca della fortuna. E, nell'andarsene, naturalmente, come meta aveva scelto il luogo dove tutto poteva accadere, cioè l'America.

Lì, per farla breve, subito o quasi, aveva trovato un impiego. L'impiego era quello di lavatore di vetri in un grattacielo e per due anni o poco meno era vissuto a quel modo, tra spazzole e spugne, tra secchi e stracci di renna. Era vissuto lasciando e tendendo le funi dell'impalcatura, di giorno e di notte sospeso nel vuoto.

Proprio vivendo di notte e di giorno, d'estate e d'inverno abbarbicato sui vetri, proprio guardandosi intorno, prima senza quasi prendervi nota, poi ragionandovi sopra, si era accorto di un fatto strano. Si era accorto del fatto che, nonostante il sole splendesse alto e la vita fervesse intorno, spesso, sui marciapiedi o all'interno dei palazzi, la gente nel bel mezzo delle sue occupazioni, cadeva in uno stato simile al sonno.

Dormivano, infatti, in piedi come cavalli, puntellandosi con un gomito a un muro o a uno stipite, i fattorini e gli impiegati; con il capo reclinato sulla tastiera dormivano le dattilografe; le commesse, simili a pesci, con gli occhi sbarrati sonnecchiavano dietro le vetrine; mentre, per le strade, accanto ai semafori o alle fermate di un autobus, con il capo ciondoloni, con il mento posato nell'incavo dello sterno dormivano i passanti.

Così, accortosi dall'alto del suo osservatorio di quell'anomalo fenomeno, di quell'epidemia di «sleep like states» che colpiva inspiegabilmente la popolazione, poiché esistendo il grande sonno della notte non era chiaro affatto a cosa servissero quelle diurne ripetizioni, certo che celassero qualcosa di importante, aveva cominciato a riflettervi sopra e vi aveva riflettuto, senza venirci a capo, per settecentoventi giorni e settecentoventun notti. E, proprio dopo settecentoventun notti trascorse a quel modo, con gli occhi sbarrati dal crepuscolo all'alba, vedendo all'imbrunire smarrirsi per altrettante volte le puntute sagome del Chrysler Building, dell'Empire e del Woolworth; proprio notando come, con l'incedere del buio, gli oggetti perdessero le loro gradazioni chiaroscure, come le perdessero fino a confondersi, per l'inganno delle finestre accese, con l'arco stellato della volta celeste; proprio notando questo e notando anche come, già al primo barbaglio dell'alba, ancor prima che la mezzaluna del sole si levasse all'orizzonte, tutti i volumi e le forme, prima tenuamente, poi con sempre maggior precisione, riacquistassero l'abituale pienezza, il nitore dei contorni, si era reso conto di come la vita dell'universo intero, quindi anche la nostra, non andasse soggetta a un repentino alternarsi della luce e del suo opposto ma a un lento e progressivo cangiare di tinte e sfumature differenti.

E così, dunque, se davvero nelle orbite grandi accadeva tutto questo, se accadeva che il sommarsi delle rotazioni dei pianeti e degli astri producesse quel digradante effetto, se davvero nel nostro procedere tra i giorni eravamo immersi in un'impalpabile grana di tinte differenti, in una filigrana in cui s'intessevano l'un l'altro il cenerino con il cafro, l'avorio con il ferrigno, il ferrigno con il cereo; se davvero era così, aveva pensato, non era forse un'assurdità dormire come noi da sempre dormivamo, dormire con il tempo spezzato nei granitici blocchi della veglia e del sonno?

E che cos'erano, allora, tutte quelle decine, centinaia di involontari appisolamenti, quell'ininterrotto dormiveglia, quella quasi desta insonnia se non un ultimo e flebile rigurgito della nostra più vera natura?

In base a quelle riflessioni, allora, dopo settecentoventi giorni e settecentoventun notti, lo zio, convinto che a quell'argomento bisognasse andare in fondo e che dalla risoluzione di esso, se non la gioia, sarebbe giunto perlomeno il sollievo, di liberarsi dal grande sonno, quel sonno per il quale sempre ci sarebbe stato tempo, si era licenziato ed era sceso dall'impalcatura semovente. Era sceso e, per mesi, nelle biblioteche scartabellando tra incunaboli e volumi, aveva cercato conferme alla sua tesi.

Le conferme erano venute tutte. Erano venute poiché, escludendo i casi iperbolici dello scoiattolo e del moscardino, di tutti quegli animali insomma vittime della narcolessia stagionale, per il resto, gli altri, dalle aquile ai batraci, tutti usavano distribuire nella monotonia del giorno decine di sonnellini sparsi.

Con il collo attorcigliato su se stesso, infatti, per tre minuti o meno, sotto il sole alto, dormivano le giraffe; dormivano come se non dormissero, con le palpebre aperte, i pesci dei fondali; sonnecchiavano le tartarughe raggricciate nel carapace mentre le salamandre, i tritoni e i rospi s'appisolavano sepolti nella melma. Gli uccelli invece, innestando il pilota automatico, erano in grado, durante i lunghi percorsi delle migrazioni, di dormire in volo, e ancora, spegnendo metà emisfero del cervello, dormiva metà sì e metà no il tursiope, e persino il toporagno, tra tutti i mammiferi il più minuscolo ed esagitato, arricciando il grugno, tra una battaglia e l'altra, s'assopiva tra le cortecce e i muschi del sottobosco.

A quel punto ciò che era stato null'altro che un semplice sospetto, una larvata ipotesi, per lo zio era divenuta una certezza. La certezza che l'unica creatura a contravvenire alla legge universale dei sonnellini sparsi, delle pause poste a spezzare il tedio diurno era proprio il sapiens, eravamo cioè noi, gli uomini.

In seguito a quella constatazione, gli era stato subito anche chiaro che tutte quelle scomposte andature che in quegli anni aveva scorto dall'alto dell'impalcatura, tutte quelle andature spezzate, goffamente ellittiche che si attorcigliavano su se stesse, tutto quel muoversi frettoloso e da una meta all'altra, quell'essere privi, insomma, a differenza delle altre specie, di un'armoniosa andatura propria, ad altro non era dovuto che a un eccesso di veglia, allo stare troppo tempo in moto con gli occhi aperti, relegando in un monolitico blocco lo spazio del sogno e del distacco. E giacché, dalla primaria vocazione di indagare tutto ciò, che pur non essendoci c'era, gli era rimasta l'attitudine a risolvere i problemi, in men che non si dica, realizzando che il vero nocciolo della questione era solo e soltanto un fatto pratico, il non avere cioè per le strade, nei parchi e negli uffici, dei luoghi adeguatamente confortevoli dove compiere i sonnellini, aveva progettato una risoluzione, inventando la dormeuse électronique. Lo spunto a quell'idea, naturalmente, era stata la vecchia dormeuse del salotto, quella dormeuse su cui tante volte mi ero appisolato anch'io; era partito proprio da lì, da quella forma essenziale e sobria arricchendola poi di pareti e di un tetto, carrozzandola, trasformandola, insomma, in un parallelepipedo di legno.

Ultimati i primi esemplari, che aveva prodotto lui stesso artigianalmente, si era accorto subito o quasi, che quegli scatoloni ombrosi e claustri non erano ancora la soluzione più perfetta. Non potevano esserlo poiché il cliente, una volta dentro, isolato e protetto dalle luci e dai rumori del mondo, molto probabilmente, più per abitudine che per vizio, sarebbe scivolato in un sonno ottuso e greve, di poco o niente diverso dal grande sonno notturno.

Allora, per evitare che accadesse questo, per evitare cioè che il suo progetto fallisse prima ancora di essere nato, all'interno della scatola, tra i cuscini e le pareti, aveva inserito un piccolo computer; un computer che, misurando all'occupante la pressione, la temperatura, il battito cardiaco, l'alternarsi delle lente e pigre onde delta alle più rapide e strette della fase rem, era in grado di stabilire il tempo esatto affinché la pausa ristoratrice di quel quasi dormiveglia non si trasformasse in una pausa abbrutente.

In quel modo, non appena il sonno vivido di immagini si mutava nell'ostinato buio delle fasi più profonde, un dolce carillon risvegliava il cliente. E, se dopo dieci minuti ancora non accennava a muoversi, lentamente il materasso della dormeuse cominciava a inclinarsi e, nello stesso tempo, si spalancava lo sportello d'ingresso e così, in men che non si dica, con l'azione congiunta dei movimenti, la dormeuse estrometteva l'occupante.

Neanche a dire che superata la diffidenza iniziale, la curiosità malsana e inquieta per quegli scatoloni abbandonati lungo le strade, il successo era stato enorme. Era stato così grande che, nel giro di un paio di mesi, per soddisfare le richieste delle società ferroviarie e delle aziende, del parlamento, dei teatri, delle redazioni dei giornali, aveva dovuto impiantare a Las Vegas ben tre stabilimenti industriali.

Così, in dieci anni o meno, essendo il detentore del brevetto universale, era divenuto il re di quella macchina. Ne era divenuto il re e, per quasi quarant'anni senza tentennamenti o crisi, aveva governato quell'impero sul quale mai non tramontava il sole.

Ed era stato felice in tutti quegli anni, oh, sì, era stato felice davvero per trentanove anni o quasi. Per trentanove o quasi, poiché, all'inizio del quarantesimo, cioè alcuni mesi prima, era divenuto preda di una strana inquietudine, un'inquietudine talmente strana e ossessiva che, in breve tempo, era giunta persino a togliergli il sonno.

A quel punto del racconto, lo zio, per la seconda volta da quando eravamo usciti in giardino, si era fermato, si era bloccato lì, con lo sguardo fisso davanti a sé, allentando un poco la stretta del mio braccio e, proprio mentre mi stavo stropicciando l'arto intorpidito, lui dopo una pausa di insperato silenzio, immobile, con le mani pensosamente raccolte dietro la schiena, senza che io glielo avessi chiesto, mi aveva confessato che la vera causa della sua inquietudine era una e una sola. Era il sentire, nitidamente, giorno dopo giorno, affievolirsi le forze e l'inventiva. Lì, in mezzo al prato, mi aveva confessato anche come quella sensazione, altrimenti naturale per un uomo che si avvia verso l'autunno della sua vita, si fosse mutata presto in un cruccio, nel cruccio di sapere che, dopo la sua scomparsa, non avendo alcun erede in grado di sostituirlo, in men che non si dica l'impero della dormeuse si sarebbe sgretolato, si sarebbe dissolto in nulla o, peggio ancora, sarebbe stato convertito in una fabbrica di materassi o bare.

Quelle erano state le sue ultime parole.

La sera stessa, salutandomi dal fondo del giardino con un vago cenno della mano, lo zio se ne era andato. Era ripartito per l'America, precisamente per Las Vegas, la città dove da ormai quarant'anni dirigeva il suo impero. Quando il cancello della villa si era richiuso alle sue spalle, io avevo tirato un sospiro di sollievo e, come tutte le sere, nonostante lo sgradito imprevisto, ero andato a coricarmi. Mi ero coricato tranquillo scivolando subito o quasi in un sonno lieve e quieto come quello di un arcangelo o di un moscardino.

ELOGIO DELLA GRAZIA

Intervento al convegno su «La bellezza», Canada 1992.

La prima volta che sono venuta a contatto con un'idea della bellezza è stato all'età di cinque anni. Stavo attraversando a piedi Venezia con mia madre per andare ai Giardini a vedere la Biennale, cioè la più importante manifestazione di arti visive italiane. Siccome mancava un po' di tempo alla partenza del vaporetto ci siamo attardate in piazza San Marco. Lì, correndo dietro ai piccioni tra le gambe dei turisti, a un tratto sono stata folgorata da una bancarella che vendeva souvenirs fatti con le conchiglie. C'erano immagini della Madonna costruite con vongole colorate, gondole di cozze illuminate da gran pavesi di lampadine, piccoli scrigni intarsiati con ogni sorta di conchiglie e decine e decine di altri oggetti talmente unici e belli da togliermi il fiato. Non so quanto tempo sono rimasta là davanti imbambolata ad ammirarli, ma so che a un certo punto ho sentito alle spalle la voce di mia madre che mi intimava di muovermi. Allora, porgendole di malavoglia la mano, le ho detto rapita: «Mamma, hai visto che belle cose?!» Il che, nel pudico linguaggio infantile voleva dire: chissà se saresti così gentile da comprarmene una. E proprio mentre mi stavo lambiccando su quale di quelle meraviglie sarebbe ricaduta la mia scelta, mia madre mi ha strattonato il braccio dicendo: «Via, andiamo, non vedi che sono cose di pessimo gusto?!»

I giorni seguenti li passammo interamente tra i padiglioni della Biennale e interminabili pranzi e cene con critici e artisti. Io, a dire il vero, ero quasi prossima alla morte per noia. Gli altri osservavano le opere esposte esclamando: «bellissimo», «straordinario», lanciandosi in lunghe discussioni, mentre io mi trascinavo immusonita da una sedia all'altra con il pensiero caparbiamente fisso su quelle opere d'arte di conchiglie e sulla riprovazione avuta da mia madre nei loro confronti. Per quanto mi scervellassi, non riuscivo ad afferrare cosa volesse dire «di pessimo gusto». Di pessimo gusto, infatti, io conoscevo soltanto una cosa: lo sciroppo ricostituente. Quello sì, aveva davvero un pessimo gusto, bastava assaggiarne una cucchiaiata sola per avere voglia di vomitare un'intera mattina. Era possibile che quegli oggetti meravigliosi avessero lo stesso sapore?

A quel tempo mi ero già fatta l'idea che il mondo fosse pieno di cose incomprensibili e contraddittorie così alla fine decisi che la ragione dovesse essere proprio quella: le costruzioni di conchiglie avevano lo stesso gusto dello sciroppo cioè un gusto pessimo. A conferma della mia tesi c'era la loro straordinaria lucentezza. Anche lo sciroppo sul cucchiaio brillava nello stesso modo. Era evidente, dunque, che le conchiglie prima di essere esposte per diventare più robuste erano state a lungo immerse nello sciroppo.

Questa teoria mi soddisfece e placò la mia ansia fino al giorno in cui, sul banco di un negozio, un vestito indicato da me con entusiasmo non ricevette anche lui la medesima definizione. Allora tutte le mie certezze sul pessimo gusto tornarono al punto di partenza.

Nei mesi seguenti, ascoltando con più attenzione del solito le conversazioni degli adulti, mi resi conto che ci potevano essere anche case di cattivo gusto, persone di cattivo gusto, luoghi, scarpe, piatti, parole, situazioni e così, anche se non avevo compreso cosa fosse, capii almeno che il cattivo gusto era uno dei pilastri su cui si reggeva il mondo. E non solo, nei mesi e negli anni seguenti mi accorsi di essere una sorta di mago maldestro poiché ogni cosa che indicavo con il dito a mia madre, immediatamente si tramutava in una cosa di pessimo gusto. Così, forse preoccupata da questo insano talento, mia madre, oltre a continuare a portarmi a delle mostre d'arte moderna, cominciò a mettermi in mano delle riproduzioni di quadri famosi dicendo: «Guarda, non è bello?»

Ora, si sa che i bambini desiderano sempre compiacere i grandi e così io, che non sfuggivo alla legge, cominciai a praticare la sottile arte della menzogna. «Bello» dissi così un giorno, con voce fintamente emozionata, davanti a un quadro di Mondrian; «bello» ripetei un numero innumerevole di volte davanti a croste nere, buchi, cerchi concentrici e fluorescenti, «bello» ripetei per anni davanti a qualsivoglia cosa sospettassi essere un'opera d'arte o qualcosa di affine. Perché ormai mi era chiaro che il pessimo gusto era l'antagonista del bello come la notte lo è del giorno e dunque, per non commettere errori, era sufficiente che io indicassi con questo aggettivo tutto ciò che mi era indifferente o non mi piaceva affatto. Naturalmente, dentro di me, nel silenzio dei miei pensieri, continuavo ad ammirare e ad andare in visibilio per tutto ciò che era di pessimo gusto.

Va da sé che con queste infruttuose premesse mai una volta nell'infanzia ho pensato che da grande avrei fatto l'artista. A quel tempo, quando il mio dito era la bacchetta magica delle cose di cattivo gusto, ero molto appassionata di scienze naturali ed ero piuttosto convinta che da grande avrei fatto il biologo, lo zoologo o qualcosa del genere. Belli, anzi bellissimi per me erano i cristalli e le rocce, bello era il muso della volpe con i suoi occhi neri e lucidi come capocchie di spilli; belle erano le farfalle e prima di loro i bruchi, belli i ragni, i topi, le formiche; belle le lucertole addormentate al sole, belle le foglie in autunno e bellissime le gemme in primavera. Insomma bello per me era tutto ciò che accadeva ed esisteva al di là o al di qua dell'operare dell'uomo. E perché era bello? Perché mi procurava una forte emozione. E non era un'emozione intellettuale bensì qualcosa di improvviso e violento che mi esplodeva nella pancia e da lì, come un sottile piacere, si espandeva in tutto il corpo.

Siccome la vita non è né bella, né brutta ma originale, negli anni successivi io non sono diventata un biologo ma, con mia grande meraviglia uno scrittore e se anche questo non ha affatto modificato il mio rapporto con le arti visive, comunque mi è servito per capire perché mi emozionava e continua a emozionarmi più il muso di una volpe che un quadro di Mondrian.

Oltre a essere attratta dalle cose di cattivo gusto

sono stata anche una bambina profondamente attratta dallo studio delle scienze naturali. Verso gli otto anni, dalla lettura di un libro ho appreso che la terra non era sempre esistita ma si era formata un giorno lontano, da un ammasso di polvere e detriti vaganti nello spazio. Appresi questo e anche che la vita non era sempre stata uguale ma era cambiata diverse volte e spesso in modo drastico. C'erano state le ammoniti, i trilobiti e il mare che si espandeva da tutte le parti, il mare si era ritirato, si era ghiacciato, sciolto e ghiacciato un'altra volta, c'erano stati i dinosauri, e forse per un meteorite erano scomparsi, al loro posto erano venute le tupaie e milioni di anni dopo quelle tupaie erano diventati uomini e avevano imparato a parlare. L'idea che ci fosse una storia così grande e complessa alle nostre spalle e che l'inizio di questa storia fosse un mistero introdusse in me un gran senso di piccolezza e di meraviglia. Meraviglia per tutto ciò che esisteva e per il modo caparbio in cui continuava a esistere.

Questo senso di precarietà provato così precocemente, però, non mi ha portato, come forse si potrebbe credere, a un rifiuto del mondo ma a una partecipazione stupita e appassionata. La storia delle storie, cioè la creazione, continua ad affascinarmi come il giorno in cui l'ho scoperta e in questa fascinazione per l'infinita potenza delle forme vitali risiede il mio senso del bello.

In una visione che procedeva per milioni di anni l'uomo mi è subito parso il meno interessante degli eventi. Non solo il meno interessante ma anche il più infelicemente sgraziato. Grazia, per me questo è il concetto fondamentale, quello che racchiude in sé la bellezza. La grazia è il dono delle creature che vivono in armonia con le imperscrutabili leggi dell'universo. La volpe che corre non ha coscienza di sé: esiste e tutta la sua energia vitale è prepotentemente volta a esistere. Quando corre è bella, elegante, piena di grazia. Per questo spesso mi emoziona più il muso di una volpe che un quadro. Un quadro, un'opera di un uomo, per emozionarmi deve contenere l'espressione dello stesso mistero, lo stesso gioco di armonie e di inconsapevolezza. L'uomo invece è sgraziato perché posseduto da un'ipertrofica coscienza di sé. Una coscienza di sé che non hanno né i bambini né gli animali che sono naturalmente nella grazia. L'uomo, per giungervi, deve fare un lungo percorso a ritroso: dalla consapevolezza deve tornare alla inconsapevolezza, deve sentirsi parte di un mistero imperscrutabile, deve sentirsi piccolo e ammirato di questo continuo miracolo della vita.

Bello, per me quindi è ciò che non ha coscienza, l'armonia delle forme della natura in perpetuo movimento. Di conseguenza gli unici artisti che riesco ad amare sono proprio quelli che nelle loro opere rispecchiano questo senso ambivalente di segreto e meraviglia. Di piccolezza ammirata.

NOTA

di Cesare De Michelis

Intorno alla metà degli anni ottanta, dopo qualche singolare sortita negli anni precedenti, una nuova generazione di scrittori, anno dopo anno sempre più varia e numerosa, cominciò ad animare la scena letteraria e a modificarne le prospettive; era nuova non solo in senso anagrafico, ma perché spostava, e radicalmente, il punto di vista dal quale osservava il mondo e l'esistenza, suggerendo l'emergere di domande inconsuete, di bisogni sconosciuti o trascurati, di un desiderio collettivo di ricominciare da capo dopo una lunga stagione di attesa.

Il lungo cammino dell'odio antiborghese si era improvvisamente esaurito nella tragedia del terrorismo e nello scacco delle utopie rivoluzionarie, la cultura della crisi aveva consumato le sue estreme risorse assistendo impotente al vanificarsi dei grandi miti della modernità.

Fu allora che pensai a dar vita a una collana programmaticamente aperta ai nuovi narratori, che intitolammo «Primo Tempo», «perché si cominciava da capo con il desiderio di prendere parte a un'avventura nuova, l'avventura di un mondo sopravvissuto alla catastrofe, ferito anche, ma salvo». Volevamo una collana nella quale «a scrivere, a raccontare» fossero finalmente «gli autori di una generazione che ha un'esperienza diversa, che degli anni settanta ricordino il senso di vuoto, senza la nostalgia di prima, che appartengono interamente a questo presente».

Era una sfida che si fondava sulla certezza che la tradizione del Novecento si era interrotta, che uno scarto esistenziale, prima ancora che culturale, avrebbe espresso, stava esprimendo, nuovi racconti a testimonianza di quel faticoso lavoro di riconquista di un ordine che era oramai necessario. Insomma, c'era stato un terremoto, o qualcosa del genere, ed era venuto il momento di ricostruire.

Il nuovo, al solito somigliava all'antico, ma al tempo stesso ne era affatto diverso, e del retaggio tipicamente novecentesco – i manifesti, le poetiche, i gruppi – questa nuova generazione di scrittori non sapeva che farsene, anzi ne diffidava infastidita, così come diffidava della progettualità ideologica, dei grandi disegni complessivi. Per ricominciare a raccontare si affidava piuttosto a semplici e generosi slanci morali, a vive emozioni, a calorosi sentimenti, che lasciavano spazio alle avventure individuali, una diversa dall'altra, come i percorsi di altrettanti esploratori in terre sconosciute.

Incontrammo così soprattutto i trentenni, nati a metà degli anni cinquanta, quando anche il dopoguerra in gran fretta finiva, estranei ai furori del '68; giovani donne e giovani uomini sparsi un po' ovunque nella penisola con scarsi o inesistenti rapporti fra loro, e naturalmente «Primo Tempo» presto si confuse tra molte altre iniziative del genere – le antologie «Under 25» di Pier Vittorio Tondelli, per fare solo un esempio, ma anche il migliore –; scoprimmo anche che avevano qualcosa in comune con i più precoci tra loro, che i libri d'esordio li avevano già pubblicati all'inizio degli anni ottanta.

A riprenderli in mano quei libri di dieci o quindici anni fa, a rivedere una a una le storie di ciascuno dei loro autori durante questa lenta fine di secolo potremmo certo elencare le promesse disattese, gli abbagli, le illusioni e anche gli errori nelle valutazioni di merito, ma non si può disconoscere, all'incontrario, che non pochi sono gli scrittori veri che intanto hanno percorso un lungo cammino, andando ben oltre l'originario bisogno di rendere conto della propria esperienza, cercando una luce per vedere lontano.

Allora mi sembrò che fosse discriminante il rompere i ponti con ogni idea di autosufficienza della letteratura e che si potesse contrapporre ad essa l'umiltà di una «minimalistica» aderenza al reale; oggi mi accorgo che quella resistenza in alcuni di un primato estetico, quell'attaccamento agli ideali della bella scrittura novecentesca, era appena una veste leggera per proteggersi dagli sguardi indiscreti, un gesto di timidezza e pudore; esattamente come il disincantato minimalismo, la sua apparente umiltà, non bastava a tenere a freno l'ansia di verità, il bisogno di certezze, che è sotteso a qualsiasi scrittura non solo evasiva; e capisco dunque il disagio che provavano in molti di fronte alle mie pretese definitorie, sentendole riduttive rispetto all'ambizione che invece li motivava.

Il racconto restava una metafora del mondo e la sua costruzione, il disegno che la sosteneva, cercava fondamenta durevoli, punti di riferimento stabili, per i quali non bastavano le parole, troppo a lungo irrise, dell'etica e della metafisica; restituire ai valori una rinnovata dicibilità divenne in questi anni novanta l'impegno più forte della nuova letteratura, il terreno comune sul quale misurare l'efficacia del proprio lavoro, la resistenza dell'invenzione narrativa.

Esemplare in questo senso è il percorso di Susanna Tamaro, dal romanzo d'esordio fino all'ultimo sinora uscito, nel quale è possibile oggi, con un po' di senno di poi, riconoscere la linearità e la coerenza di una ricerca al tempo stesso spregiudicatamente aperta all'innovazione e caparbiamente legata a un nucleo sin da subito individuato e circoscritto.

Si sa che la Tamaro prima di pubblicare *La testa fra le nuvole*, nel marzo di dieci anni fa, aveva scritto quattro romanzi ostinatamente rifiutati da tutti gli editori possibili – lo racconterà lei stessa a Natalia Aspesi. Sono testi che nessuno conosce, solo del primo, che prendeva il titolo da un paese austriaco quasi ai confini con l'Ungheria – *Illmitz* –, qualche pagina, allora, fu stampata su «La Battana», la rivista degli italiani di Croazia quando ancora c'era la Jugoslavia, ed è singolare che già in quel documento della «preistoria» compaia il sogno, «la speranza forse solo, di abbandonare il corpo e, come un palloncino, levarmi in cielo».

Il protagonista di *Illmitz* se n'è andato, tormentato da «un malessere profondo», dalla sensazione di «essere nulla in mezzo al frastuono», che «il mondo intero avesse smarrito il senso, la direzione, e, come una valanga che via si accresce e con frastuono rotola a valle, mi trascinasse nella sua rovina».

Un disagio esistenziale sordo e profondo – «il tempo è difficile a viversi senza alcuna definizione» – è il tema che appare subito al centro dell'universo narrativo di Susanna Tamaro e ad esso i suoi personaggi reagiscono rompendo gli ormeggi e prendendo il largo.

«Partire – dice Jiri, il protagonista di *Illmitz* – mi è sempre parso un gesto ostile», e così, andandosene alla ventura, egli dichiara la sua guerra privata al mondo com'è, alla solitudine cui si sente dannato, alla famiglia che, «vuoi per i fratelli adulti, vuoi per la vecchiezza dei genitori», non c'è più, e se ricompare è soltanto per complicare le cose e tormentare la vita. Eppure, spiega, «non ho alcun senso di ribellione», nessun'aspirazione a cambiare il mondo, solo il desiderio di estraniarsene, di «ridurlo all'inconsistenza», di appartenervi «in parte come uomo e in parte come ombra».

I romanzi di Susanna Tamaro si aggirarono a lungo su e giù per la penisola, passando di mano in mano, tra amici, letterati, consulenti editoriali, e pian piano divennero anch'essi umbratili e reali allo stesso tempo. Quando *La testa fra le nuvole* finì sul mio tavolo, l'ultimo giorno del marzo 1987, aveva un altro titolo – *La dormeuse électronique* – e, scoprii dopo, era stato letto, amato e giudicato impubblicabile da una lunga serie di persone dabbene, tanto che la scrittrice, esasperata da quest'interminabile attesa, aveva deciso di lasciar perdere e affidarsi al destino.

A me lo spedì un'intelligente giornalista triestina, moglie di un caro collega universitario, accompagnandolo con amorose parole di raccomandazione che tradivano un affetto trepidante e protettivo per un'amica «tenerissima e un po' indifesa». Gabriella Brussich e suo marito Elvio Guagnini furono poi sostenitori entusiasti di quel libro d'esordio e anche interpreti assai fini dello stesso; ma la storia, in quella lontana primavera, doveva ancora incominciare. Non ricordo quanto tempo trascorse prima che mi decidessi a leggerlo, ma certo era autunno quando incontrai la prima volta l'autrice.

Eppure, mentre il dattiloscritto aspettava paziente, altre voci di amici si erano fatte sentire, e di uno almeno ho trovato la lettera che scrisse il 4 settembre di quell'anno: è Francesco Burdin, scrittore triestino di gran vaglia e poca gloria purtroppo, che scriveva: «è il romanzo (credo opera terza) di una scrittrice ancora inedita, ma vera, autentica, originale, destinata prima o poi a far parlare di sé. È anche, cosa che non guasta considerando l'importanza che oggi ha l'immagine, una bella ragazza... Questa Susanna ha, a mio parere, la sicurezza e il piglio di chi è nato "imparato"».

Fu amore a prima vista: la prima impressione, fu quella di un talento straordinario, di una capacità affabulatoria affatto inconsueta, di una vocazione narrativa persino debordante, eccessiva, quasi intemperante.

Le pagine di quel romanzo erano cariche di emozioni, ricche di estro, eppure, con altrettanta evidenza, ben radicate su un'esperienza dura e sofferta, sempre e comunque non rinunciavano a misurarsi con i grandi interrogativi dell'individuo, con il mistero del destino e l'imbarazzante difficoltà della scelta. Chiamai al telefono l'autrice e fissai con lei un incontro a Roma.

Aveva le orecchie a sventola, la bocca grande, gli occhi azzurri e luminosi difesi dalle lenti rotonde dei suoi occhiali da miope. Sembrava un ragazzo con quei capelli corti, tagliati a caschetto, ora biondi ora invece rossastri, che ti aspettavi fosse anche lentigginosa, e dimostrava la metà dei suoi anni. Era timida, ma anche spiccia, aggressiva, persino spavalda nel ruolo di eterno bambino un po' discolo, tenero e irriverente.

Federico Fellini, quando si innamorò dei suoi racconti *Per voce sola* – nel '91 –, raccontava estasiato: «Ho visto arrivare Pel di Carota in motorino, un Lucignolo sorridente, una Gelsomina liberata, una creatura affascinante che mi ha dato la gioia di commuovermi senza vergognarmi... È una donna di trentaquattro anni che sembra un bambino di dodici», e poi prendeva il telefono per proteggerla, per difenderla dalla cattiveria del mondo, per non lasciarla sola.

Eppure Susanna Tamaro è anche dura, ostinata, testarda, persino crudele, innanzitutto con se stessa, ma poi con i suoi personaggi, con chiunque si metta per traverso e intenda fare del male, perché lei sa bene dove vuole andare, le cose che ha da dire.

Ha faticato a trovare la sua strada, a riconoscere la propria «vocazione», e ricorda il lungo cammino verso la maturità come una pena terribile, un annoso calvario lungo tutta l'infanzia e l'adolescenza e anche, pressoché intera, la sua giovinezza.

È nata in terra di confine, ai margini della nazione, in una famiglia di origini ebraiche mitteleuropee di buona tradizione borghese – Ettore Schmitz *alias*

Italo Svevo, era il marito della sorella di sua nonna o, che è lo stesso, lo zio di sua madre – ormai lontana dai successi industriali dei primi decenni del secolo e immersa nel disordine degli affetti, nella precarietà delle relazioni, che caratterizzano la società di questi ultimi decenni.

In questo bailamme la ragazza si rifugia ai margini, attenta ma indisponibile a lasciarsene coinvolgere, maturando insofferenti desideri di fuga, quel sentimento di avversione alle regole della modernità che sarà al centro di tutta la sua opera narrativa, quell'ansia di altri valori, più saldi e durevoli, che tuttora è al fondo della sua ricerca di luce.

C'era, però, nel libro qualcosa che non convinceva del tutto, e sarebbe valsa la pena rimetterci le mani.

Soprattutto a me sembrava che il traguardo di libertà che il suo protagonista inseguiva fosse disegnato con troppa insistenza, mentre il tema del libro, assai più che la meta, era la fuga avventurosa del ragazzino dai capelli rossi, il suo rifiuto del mondo in cui era cresciuto e le traversie che aveva dovuto affrontare.

Dove sarebbe voluto arrivare non mi sembrava tanto importante, e il sogno di produrre e commerciare una *dormeuse électronique* di sua invenzione, che avrebbe reso felici quanti volevano sottrarsi alla frenesia di questo mondo impazzito, finiva per prenderle la mano acquistando un peso eccessivo.

La *dormeuse* nella stesura originaria era pazientemente e precisamente descritta nei suoi marchingegni tecnologici, nel suo funzionamento meccanico, nei suoi benefici effetti: troppo poco per essere metafora del paradiso in terra, troppo tanto per restare uno scherzo della fantasia.

Almeno così a me parve allora.

La scrittrice ascoltava pensosa, non rifiutava i consigli, ma chiedeva tempo per convincersi che quei cambiamenti non avrebbero modificato ciò che le stava più a cuore. Poi si decise e fece tutto lei, com'è giusto; tagliò, qualcosa persino riscrisse, e alla fine cambiò anche il titolo: la *dormeuse* era sparita, nacque *La testa fra le nuvole*.

Nel frattempo, nella primitiva stesura, il romanzo era stato spedito al Premio Calvino, dove tra i tanti inediti era stato prescelto nella rosa dei finalisti; sperammo insieme in una vittoria, ma invano. Comunque il dado era tratto, il libro sarebbe uscito all'inizio dell'89.

Questo è il risvolto della prima edizione:

«Rosso di capelli e lentigginoso, il ragazzetto Ruben, protagonista di questo trasognato romanzo di Susanna Tamaro, cerca disperatamente di sfuggire al destino di crescere: non c'è futuro più raccapricciante di quello di diventare grandi. Di fronte al tempo che inesorabile incalza e detta le assurde leggi della maturità non resta altro che darsela a gambe, correndo a perdifiato più in fretta di lui.

«La storia è sempre la stessa, ma resta drammatica: al tempo in realtà non si sfugge ma in sogno? Nell'universo fantastico dell'adolescenza tutto è possibile, finché ne dura l'incanto.

«Il ragazzo dapprima cerca riparo nascondendosi al mondo: immobile resta steso tra l'erba del giardino dell'infanzia, trattiene quasi il respiro per confondersi nel silenzio della natura, se si muove è leggero e discreto fendendo l'aria appena vibrando le ali, pur di non essere costretto a rispondere rinuncia a parlare. Forse è fatta, si illude, nessuno si occuperà mai di lui.

«Nossignore, a portare scompiglio in quella pace fanciullesca arriva violento e orribile Oskar, l'educatore: le sevizie non hanno più fine i tormenti si rinnovano giorno dopo giorno, sempre più perfidi e crudeli, finché un giavellotto liberatore interrompe il suo volo e infilza il carnefice, rendendolo innocuo. A questo punto comincia la corsa senza meta, sognando l'America dove tutto è possibile, persino restare ragazzi per sempre.

«Il mondo nel quale Ruben precipita ingenuo e indifeso è popolato da ogni sorta di mostri, come il bosco di Pollicino o i paesi di Pinocchio: il ragazzetto è scaltro e maldestro nello stesso tempo, ribelle e umilmente strisciante, infaticabile e irrimediabilmente poltrone. Ha bisogno di aiuto per sfuggire alla sorte e più scappa più si mette nei guai. Si riduce a servire stravaganti e perversi padroni, è costretto a lavorare senza sapere che cosa fa: nel mondo i fanciulli, per quanto candidi e astuti, sono destinati a finir male.

«Susanna Tamaro racconta le straordinarie avventure del ragazzetto Ruben con graffiante ironia, animando la scena mondana di inattese presenze grottesche, di sorprendenti creature surreali, e intanto si compie il destino dell'adolescente che diventa uomo cancellando se stesso.

«*La testa fra le nuvole* è una favola straziante e crudele, nella quale svaporano i sogni di ogni adolescenza, si annullano le speranze di libertà, eppure rivive solare e struggente la gioia ribalda di sfidare il destino e resiste, miracolosamente intatto, ilare e raggiante, quel sentimento che rende possibile la felicità».

Comincia da qui, da queste pagine di disincantata lucidità l'avventura della Tamaro, la sua fuga dal mondo com'è, la sua scelta di porsene ai margini per poterne osservare gli orrori e le contraddizioni e riuscire a vedere al di là dei costumi, dei comportamenti comuni, la resistenza di sentimenti e valori che riaccendano la speranza di vedere un traguardo diverso.

Quel che importa è trovare un'altra strada che si allontani da quella affollata nella quale si corre affannati verso assurdi miraggi di apparente benessere e riconduca invece l'individuo a scoprire in se stesso, nei segreti dell'animo, le umane ricchezze di una vita piena, perché appunto riconosce il senso di un destino che compiendosi rinnova la certezza che ne valeva la pena.

Le tappe ulteriori della scrittura della Tamaro sono tese verso quella meta che intitola il suo ultimo romanzo, *Anima mundi*, e sono tutte egualmente necessarie e obbligate.

Sarebbe bello poter dire che è arrivata al traguardo, basterebbe a giustificare il suo abbagliante successo tra il pubblico, a renderlo comprensibile a tutti; invece no, il traguardo in questo cammino non c'è e tanto meno c'è la pace soddisfatta della vittoria. La vita corre in tondo senza fine e il suo mistero si rigenera ogni giorno; quel che conta per non perdersi di nuovo e tenere la rotta è restare fedeli proseguendo il percorso.

Susanna Tamaro è rimasta fedele a se stessa, ha dimenticato davvero la *dormeuse électronique* e i sogni di una libertà così a portata di mano, ha smesso perciò di fuggire per non essere travolta dalle ossessioni della modernità; si è fermata sul bordo a guardare severa gli orrori del mondo e scoprire, al di là di essi, la resistenza dell'uomo.

Non si è commossa pietosa di fronte al dolore, ha invece condiviso la pena per trovare al di là di essa le radici di un sentimento della vita che può essere offeso ma non divelto.

I pochi racconti che, sparsi qua e là in riviste e antologie, seguono *La testa fra le nuvole* sono al tempo stesso nuovi episodi di quell'avventura iniziatica e nitide anticipazioni dell'universo addolorato di *Per voce sola*, perché tra i due libri che sono stati sentiti come radicalmente diversi non c'è invece soluzione di continuità, si è trattato soltanto di capovolgere il punto di vista.

Nella *Testa* il mondo è visto attraverso lo sguardo candido e stupefatto del ragazzo Ruben, pronto a scoprire in ogni avventura la ricchezza dell'esperienza e la varietà della vita; nei racconti di *Per voce sola*, l'esperienza è stata fatta e ne resta insuperabile il dolore patito, lo strazio incomprensibile; non per caso nell'ultimo dei racconti, quello proprio che intitola il libro, a narrare è una donna anziana che tutto ha vissuto e ben poco può attendersi dal futuro che le resta.

Proprio lì, sul ciglio o sulla soglia, il destino si rivela nella sua compiutezza ed è chiaro finalmente che «l'anima esiste», che c'è qualcosa che trascende la precarietà del tempo, l'incertezza del «caso». In *Va' dove ti porta il cuore* la nonna dice che la parola «caso» nella lingua ebraica neppure esiste.

Il canocchiale con cui Susanna Tamaro scruta il mondo è finalmente a fuoco sulla questione di fondo; le domande sono sempre le stesse, quelle che il ragazzo Ruben rivolge allo scoiattolo Lucrezio, sono le risposte che libro dopo libro si ispessiscono e diventano più chiare, più luminose.

Se la scrittura è testimonianza o profezia, la Tamaro certo ha scelto la seconda strada; quello che le sta attorno le interessa assai più per quello che nasconde che per quello che mostra; ed è vero dunque quanto diceva di sé in un racconto – *L'arco spezzato*, uscito nel '92 –: «lentamente e con dolore mi sono resa conto... di saper guardare le cose con più attenzione degli altri».

Il «mistero» del suo successo è tutto qui.

INDICE

Stampato da
Milanostampa, Farigliano (CN)
per conto di Marsilio Editori® in Venezia

«Farfalle Marsilio»
Periodico mensile n. 13/1999
Direttore responsabile: Cesare De Michelis
Registrazione n. 1334 del 28.05.1999
Tribunale di Venezia

EDIZIONE   ANNO

10 9 8 7 6 5 4 3 2 1   1999 2000 2001 2002 2003

TI 41170344

LA TESTA FRA
LE NUVOLE

SUSANNA
TAMARO

MARSILIO
EDITORI

035400001